AF462287

ABBEVILLE

PENDANT LA GUERRE DE 1870-71

PAR

UN OFFICIER DE LA GARNISON

ABBEVILLE
IMPRIMERIE BRIEZ, C. PAILLART ET RETAUX
90, CHAUSSÉE MARCADÉ, 90

1874

AVERTISSEMENT.

—

Si on consulte les écrits trop peu nombreux publiés jusqu'à ce jour, touchant les opérations de l'armée du Nord, on n'y trouve absolument rien sur ce qui s'est passé à Abbeville pendant la guerre.

Il faut admettre cependant que la possession de cette ville avait une certaine importance, puisque le général Faidherbe y entretenait un petit corps d'armée commandé par l'un de ses officiers les plus distingués, auquel il avait donné l'ordre de s'ensevelir sous ses ruines plutôt que de capituler.

Frappé de cette lacune, l'auteur de la présente notice a voulu retracer les faits qui se sont passés sous ses yeux.

Il espère qu'on lira avec intérêt le récit d'événements qui devaient conduire Abbeville à une destruction plus horrible que celle de Péronne si l'armistice avait été retardé seulement de deux ou trois jours.

Ces notes réclament l'indulgence du lecteur, mais elles ont du moins le mérite d'être la reproduction sincère d'impressions et des souvenirs personnels dont la trace est encore bien vive.

Août 1873.

ABBEVILLE

PENDANT LA GUERRE DE 1870-71

Le 7 août 1870, le lendemain de la bataille de Frœschvillers, des élections municipales avaient lieu à Abbeville. En tête des élus se trouvaient MM. Courbet-Poulard avec 2233 voix et Calluaud avec 2175 voix.

Une des premières préoccupations du conseil fut de mettre la ville à l'abri, non pas d'une attaque sérieuse, mais d'un coup de main de la part des maraudeurs et des éclaireurs ennemis.

Abbeville, naguère place forte, avait été déclassée depuis peu d'années, on s'était empressé de démolir les portes militaires et de rectifier les entrées de la ville, mais l'enceinte fortifiée subsistait et il était assez facile de se garder des pillards dont la hardiesse et l'avidité étaient déjà connues.

COMITÉ MUNICIPAL DE DÉFENSE.

A peine le nouveau conseil avait-il rempli, pour une dernière fois, l'inutile formalité du serment à l'Empereur qu'il s'empressa dans sa séance du 27 août de nommer une commission de défense composée de MM. Calluaud (président), Frémaux (secrétaire), Courbet, de Caïeu, de Poilly, Sauvage et Vayson.

Une voix s'était élevée dans le conseil pour faire observer que le département de la Somme ayant été déclaré en état de siége par le décret du 8 août, la municipalité devrait peut-être se borner à émettre un vœu en se conformant à la loi du 19 août 1849 sur l'état de siége. Mais le conseil, préoccupé avant tout des graves intérêts dont la sauvegarde lui était confiée, avait immédiatement écarté cette objection.

La commission de défense, après une première étude, s'arrêta aux propositions suivantes :

1° L'enceinte de la ville sera fermée au droit des entrées nouvellement rétablies et les faubourgs seront barricadés;

2° La garde nationale se portera au secours des faubourgs menacés ;

3° Il sera organisé un poste armé pour la police et la défense ;

4° On demandera les fusils, cartouches et munitions nécessaires ;

5° On recherchera les individus sans aveu, pouvant troubler l'ordre et la sécurité ;

6° On formera un petit corps de gardes nationaux à cheval pour éclairer et faire des patrouilles dans un certain rayon.

Le conseil municipal approuva ces dispositions dans sa séance du 29 août et ouvrit un premier crédit de 6000 fr.

TRAVAUX DU COMITÉ MUNICIPAL DE DÉFENSE.

Ces bases une fois adoptées le comité fit l'étude de chaque ouvrage en particulier, leur ensemble fut approuvé par le conseil le 5 septembre et un nouveau crédit de 14,000 fr. fut ouvert, portant ainsi la dépense totale à 20,000 fr.

Voici les principaux éléments de cette dépense :

Mur crénelé avec fossé	à la porte Saint-Gilles . . .	1100 fr.
Id.	à la porte du Bois.	1400
Id.	à la porte Marcadé	1400
Id.	à la porte d'Hocquet . . .	1200
Id.	à la porte du Chemin de fer .	1500
Id.	à la porte de Rouen. . . .	1500
Fossés et parapets de défense des chemins entre le pont des Prés et la Somme		1000
Coupure du chemin de halage en aval du port. .		200
Dépenses imprévues		700
100 tuniques et 100 képis pour la garde nationale.		6000
Solde de 20 hommes de police armée.		4000
	Total.	20000 fr.

Conformément à ces dispositions, et avec le concours du service des ponts-et-chaussées, les travaux commencés le 6 septembre furent poussés avec une grande activité et terminés rapidement.

Le comité de défense malgré le service signalé qu'il rendait à la ville ne fut pas à l'abri de vives attaques dont on trouve les traces dans le compte-rendu de la séance du 10 septembre. On prétendit que le comité avait outre-passé ses pouvoirs en cherchant à retenir un bataillon de mobiles pour protéger la ville, et on alla jusqu'à demander sa révocation, mais cette proposition fut vivement repoussée par quatorze voix contre quatre.

PROCLAMATION DE LA RÉPUBLIQUE.

Pendant ce temps s'accomplissaient de graves événements : l'Empereur vaincu à Sedan le 2 septembre était en captivité et la France s'était laissé imposer, comme en 1848, un gouvernement combiné à Paris par un petit nombre de députés.

La République avait été, suivant l'expression connue, proclamée le 4 septembre à l'hôtel de ville de Paris et la France en face de l'ennemi avait dû subir les usurpateurs.

La cérémonie de la proclamation de la République à Paris est trop curieuse pour être passée sous silence. Je l'ai observée en 1848 et en 1870. La voici en deux mots :

Les journaux ont prévenu d'avance qu'il y aurait *quelque chose*, tel jour, à tel endroit, le Parisien ne manque pas ce rendez-vous, il aime la foule sans savoir pourquoi.

Un homme à vieille barbe ou à chevelure étoilée paraît à un balcon et fait des gestes. On suppose qu'il parle et on discute entre voisins pour savoir si sa pose est aussi bonne que celle du célèbre Mangin. Est-ce un mouchoir, un drapeau ou un parapluie qu'il presse dans ses bras, on l'ignore, mais on comprend vaguement qu'il démolit quelque chose, et à la suite de cette petite fête de famille on rentre chez soi le cœur léger.

Le lendemain on apprend avec étonnement que cent mille voix en comptant la vôtre ont acclamé la sainte République.

Le surlendemain on apprend encore que les provinces sont dans l'enthousiasme, que le nouveau ministre de la justice a ouvert les portes des prisons et qu'en pleurant de joie il a donné l'accolade et la liberté à un lot de forçats incompris, qui eux aussi proclameront plus tard leur République, c'est-à-dire la Commune.

Tel est le récit exact de la sinistre comédie qui réjouit périodiquement les Parisiens.

Au 4 septembre, le pouvoir usurpateur s'était intitulé

Gouvernement de la défense nationale et ce titre avait suffi pour écarter toute opposition. Combattre et repousser les Allemands était la seule préoccupation de la grande majorité du pays ; on trouvait bon d'espérer que les nouveaux ministres feraient mieux que les anciens.

NOMINATION DE MM. LARDIÈRE ET TESTELIN.

Des changements dans le personnel administratif s'imposent pour plusieurs raisons à la suite d'une révolution, aussi dès le 5 septembre le docteur Testelin et M. Lardière remplaçaient-ils MM. Masson et de Guigné aux préfectures du Nord et de la Somme.

Chez ces honorables fonctionnaires, le seul mobile était certainement le dévouement aux intérêts généraux. Je n'ai pas entendu dire toutefois que M. Lardière ait refusé le traitement et les frais fixes assez élevés que touchait son prédécesseur, soit environ 4000 fr. par mois.

MOBILES DE LA MARNE.

Le 5 septembre arrivèrent à Abbeville environ 2,000 mobiles de la Marne qui avaient évacué Reims à l'approche des Prussiens. A partir de ce moment, la ville, qui n'avait auparavant que quelques hommes de garnison, prit une allure militaire qu'elle a conservée jusqu'à l'armistice.

On eut bien à regretter une trop grande explosion de chants dans les rues et quelques bestiaux tirés à la cible dans la campagne ; l'attitude n'était pas parfaite, mais on savait que ces jeunes gens allaient bientôt se battre et on était indulgent pour eux ; ils étaient logés et bien soignés chez les habitants.

CIRCULAIRE DU GÉNÉRAL FRIRION.

Le 8 septembre, le général Fririon, commandant la 3e division militaire à Lille, envoya des instructions qu'il est utile de mentionner, parce qu'elles posent les principes qui doivent servir de règle de conduite. Cette circulaire est ainsi conçue :

« Dans les circonstances graves où nous nous trouvons, « le général de division, commandant l'état de siége, rap- « pelle que toutes les places fortes, quel que soit leur état « d'armement, doivent, dans le cas où elles seraient atta- « quées, se défendre jusqu'à la dernière cartouche et le « dernier biscuit.

« Tous les commandants de place doivent rester sourds « à des propositions de capitulation et faire arrêter, pour « être traduite devant un conseil de guerre, toute personne « qui conseillerait un pareil acte de faiblesse.

« Le général de division sait qu'il peut compter sur l'é- « nergie, la vigueur et l'esprit patriotique des populations.

« Le général de division rappelle encore à MM. les com- « mandants de place que leur autorité, quant aux disposi- « tions à prendre pour l'abatage des arbres, la démolition « des habitations dans la zône de défense, les inondations « générales, etc., etc., ne commence que lorsque la ville « est investie ou sur le point de l'être. Jusque-là, l'autorité « supérieure seule a le droit de prescrire des mésures ex- « trêmes lorsqu'elle en sent la nécessité.

« Dans les villes ouvertes et dans les communes rurales « où la défense est presque impossible, les habitants de- « vront faire le vide sur les pas de l'ennemi, c'est-à-dire « faire disparaître, enfouir, cacher ou déposer dans les

« places fortes voisines toutes les denrées alimentaires qui « pourraient devenir la proie de l'ennemi.

« Enfin, les habitants des campagnes devront pour ainsi « dire être les sentinelles vigilantes qui préviendront de « l'approche de l'ennemi ; ils auront de plus à exercer leur « surveillance sur les maraudeurs, ces ennemis d'un autre « genre qui profitent des malheurs publics pour dévaster « les propriétés et rançonner les habitants. Il faut leur cou- « rir sus et les arrêter pour les traduire devant les conseils « de guerre.

« Que tous les Français, unis dans l'unique but de sau- « ver la patrie, oublient leurs dissensions ; il n'y a plus de « partis politiques devant le danger. Qu'ils soient tous « frères pour résister à l'ennemi et le chasser de notre ter- « ritoire. »

Ainsi, cette circulaire distinguait très-nettement les villes ouvertes et les places fortes; les secondes devaient se défendre à outrance, les premières n'avaient à combattre que les maraudeurs.

Abbeville, ville ouverte, avait fait par avance les sacrifices nécessaires pour atteindre ce but, et on ne devait pas équitablement lui en demander davantage. Nous verrons cependant bientôt que ces sages principes n'ont pas inspiré les ordres du général Faidherbe.

Mais je laisse un instant ce sujet pour reprendre l'ordre chronologique des événements.

Il est probable qu'à aucune époque on n'aura vu autant d'élections successives.

NOUVELLES ÉLECTIONS AU CONSEIL MUNICIPAL ET A LA GARDE NATIONALE.

J'ai dit en commençant que le conseil municipal avait été nommé le 7 août ; il n'avait donc qu'un mois d'existence quand un décret du 16 septembre fixa au 25 du même mois les nouvelles élections municipales dans toute la France.

Ce même décret annonçait pour le 2 octobre les élections pour l'Assemblée constituante ; mais elles furent malheureusement ajournées indéfiniment le 24 septembre, après l'entrevue de Ferrières.

Enfin, les officiers de la garde nationale sédentaire déclarèrent que leur autorité avait besoin de se retremper dans l'eau pure du suffrage universel ; ils donnèrent leurs démissions le 5 septembre, et les nouvelles élections des officiers, sous-officiers et caporaux des huit compagnies de chasseurs, formant le contingent d'Abbeville et de ses faubourgs, eurent lieu le 11 septembre.

En présence de ces renouvellements, l'ancien maire, M. Belin, prit la détermination de se retirer sans attendre les élections du 25, et il fut remplacé le 17 septembre par M. Calluaud, nommé à titre provisoire jusqu'à l'installation du nouveau conseil qui devait choisir dans son sein le maire et les adjoints.

ÉMISSIONS DE BONS ABBEVILLOIS.

Une des premières préoccupations des élus du 25 septembre fut de parer à la rareté du numéraire. Dans la séance du 4 octobre, ils décidèrent l'émission de bons au porteur de 5 fr., ou de 10 fr. jusqu'à concurrence de 20,000 fr. Ces bons étaient délivrés par la ville en échange de billets de banque. Le remboursement était obligatoire pour les groupes de 500 fr. et facultatif pour les sommes inférieures.

Les banquiers de la ville s'empressèrent de déclarer que ces bons seraient reçus et remboursés par eux comme par la caisse municipale.

M. TESTELIN EST NOMMÉ COMMISSAIRE POUR QUATRE DÉPARTEMENTS.

Strasbourg ayant capitulé le 28 septembre, l'invasion devenait plus menaçante et le gouvernement rendit le 29 un décret mobilisant tous les hommes valides de 20 à 40 ans non mariés ou veufs sans enfants.

En même temps, le docteur Testelin, déjà préfet du Nord, était nommé, par décret du 30 septembre, commissaire de la défense pour les quatre départements du Nord, du Pas-de-Calais, de l'Aisne et de la Somme.

Enfin, le 28 septembre, le Conseil général de la Somme avait voté les sommes nécessaires pour équiper et entretenir pendant deux mois un corps de 3000 volontaires destinés à protéger le département ; il avait voté en outre une avance à l'État pour l'entretien des mobilisés. Avant de se séparer, et malgré les protestations du préfet, il émit le vœu qu'une Assemblée constituante fût convoquée à bref délai.

La première quinzaine d'octobre fut relativement assez paisible à Abbeville ; on s'occupait de l'armement et de l'instruction des jeunes troupes, et on attendait avec anxiété des nouvelles du théâtre de la guerre.

Malheureusement, ces nouvelles étaient trop souvent mauvaises. Le 16 octobre, les Allemands avaient pris Soissons, et le 17, le général Paulze d'Ivoy avait déclaré le département de la Somme en état de guerre. Le moment de voir l'ennemi approchait.

On manquait d'armes pour les mobiles et pour les mobilisés, et on était en marché sur divers points du département pour en acheter en Angleterre et en Belgique, quand intervint une circulaire du 14 octobre, par laquelle M. Gambetta interdisait toute acquisition d'armes par les comités locaux.

Cette décision eut de fâcheuses conséquences ; l'enquête parlementaire a révélé les indignes spéculations des marchés passés avec les délégués de l'administration centrale. De pareils faits ne se seraient pas produits si dans chaque corps les acquisitions avaient été faites par un homme connu dans la localité et en se conformant à un programme envoyé par l'administration supérieure.

Il en résulta, d'ailleurs, un retard déplorable, et à la fin de la guerre bien des mobilisés n'avaient encore que des fusils impossibles.

PREMIÈRE ALERTE A ABBEVILLE.

Le 21 octobre, Abbeville eut une première alerte ; on battait le rappel dans les rues à sept heures du soir. M. le préfet venait, en effet, de transmettre une dépêche annonçant qu'Amiens serait attaqué dans la nuit et demandant des renforts.

Chacun court à ses armes et fait ses adieux ; puis, au moment de partir par un train spécial, arrive à onze heures du soir une nouvelle dépêche du préfet annonçant que l'attaque n'aura pas lieu et que les Abbevillois peuvent dormir paisiblement.

On a prétendu qu'Amiens n'avait été nullement menacé et que la première dépêche du préfet n'avait d'autre but que de tenir en éveil la garnison et la garde nationale, de telle sorte que tout fût bien prêt quand le danger serait réel. J'ignore la vérité sur ce point, mais je crois qu'il ne faut pas abuser du procédé employé. Le premier mouvement du Français est toujours le plus impétueux ; la seconde prise d'armes aurait probablement moins réussi que la première.

COMBAT DE FORMERIE.

Cependant, les Allemands approchaient réellement. Le 28 octobre, un détachement sorti de Beauvais vint en reconnaissance jusqu'à Formerie, dans l'intention de couper le chemin de fer d'Amiens à Rouen et d'isoler ainsi Amiens de ce côté. Formerie était occupé par un bataillon de chasseurs, trois bataillons de mobiles du Nord et une batterie de quatre qui se préparaient à aller surprendre la garnison de Beauvais. Le combat fut assez vif ; les Prussiens furent mis en déroute ; ils se replièrent sur Granvilliers en abandonnant un canon et en brûlant le village de Bouvresse.

DÉMISSION NON ACCEPTÉE DE M. TESTELIN.

C'est vers cette époque que l'oculiste Testelin découvrit qu'il n'était pas un guerrier. Dans une lettre du 26 octobre, il reconnaissait avec beaucoup de bon sens et d'honnêteté que l'organisation des armées lui était tout à fait étrangère, qu'il avait accepté une mission au-dessus de ses forces et de ses moyens et qu'il était de son devoir de donner sa démission.

Accepter cette démission eût été contraire à la légende républicaine, qui ordonne d'improviser les généraux, les administrations et les armées. M. Testelin fut donc conservé bon gré malgré comme sous-dictateur des quatre départements de la région du Nord, et bientôt ayant repris, paraît-il, confiance en lui-même, et prenant pour modèles les anciens commissaires de la Convention , il adressait des dépêches impératives au général en chef de l'armée du Nord.

M. BABOUIN COMMANDANT DES MOBILISÉS DE LA SOMME.

Les mobilisés composaient une importante ressource en cas de guerre prolongée; l'organisation de cette réserve préoccupait donc avec une juste raison nos administrateurs.

Par décret du 1er novembre, le colonel Robin, plus tard général, fut nommé commandant supérieur des mobilisés du Nord, et le capitaine Babouin commandant supérieur des mobilisés de la Somme.

Ce dernier, que nous allons bientôt retrouver à Abbeville, venait de Metz ; prisonnier le 29 octobre, lors de la capitulation, il avait pu s'échapper et était venu sans perdre un instant redemander du service.

Le Gouvernement de la défense fut cette fois bien inspiré. On ne pouvait, en effet, choisir un officier plus apte à la formation de jeunes troupes. Actif, intelligent, minutieux, bien élevé, le commandant Babouin a toujours été à la hauteur de sa tâche, soit comme commandant des mobilisés, soit plus tard comme chef de la petite armée d'Abbeville. J'ai servi sous ses ordres ; j'étais, par mes fonctions, en relations journalières avec lui, et j'en ai conservé le meilleur souvenir.

Qu'il me soit permis, cependant, de rapporter un incident à l'occasion duquel j'aurais désiré le voir agir autrement.

C'était en janvier 1871; Abbeville était menacée, comme je le dirai plus loin, et tous les soirs un certain nombre d'officiers se réunissaient chez le commandant supérieur Babouin pour examiner les rapports de la journée et préparer les ordres du lendemain.

Un soir, le commandant supérieur nous communiqua un

rapport signé : « le comte de Calonne. » Or M. le comte de Calonne était un vieillard qui, se trouvant encore assez fort pour faire la guerre, n'avait pas hésité à prendre volontairement du service. Il commandait un bataillon de mobilisés de la Somme. Par son âge, par sa conduite patriotique et par son grade il avait droit au respect et à l'estime de tous, il n'assistait pas à la réunion.

Cependant sa signature ne trouva pas grâce devant quelques membres de notre petit conseil. On permettait bien au vieux gentilhomme de venir prendre sa part des fatigues et des périls de la guerre, mais à la condition de signer « Calonne » tout court.

Le commandant Plancassagne fut le premier à lever les épaules en entendant la qualification nobiliaire qui terminait le rapport, son voisin le commandant D.... fit un geste analogue et à l'ombre de ses lunettes un sourire se dessina sur la figure de notre commandant supérieur qui ne fit aucune observation.

Un peu agacé par cette manifestation, je ne pus m'empêcher de m'écrier : « mais, Messieurs, c'est son nom », mes voisins m'approuvèrent et on passa à d'autres affaires.

J'aurais voulu qu'en cette occasion M. Babouin fît mieux respecter le nom d'un de ses officiers absent.

Il est probable que M. le comte de Calonne n'a jamais eu connaissance de ce que je viens de raconter.

TRAVAIL AUX OUVRIERS.

Je laisse cette digression pour reprendre la suite de mon récit.

La situation de la classe pauvre préoccupait extrêmement le conseil municipal. Les travaux de toute nature étaient suspendus et des centaines d'ouvriers étaient réduits à mendier pour nourrir leurs femmes et leurs enfants.

Le conseil, animé des meilleurs sentiments, avait déjà voté le 4 octobre un crédit de 70,000 francs pour créer des ateliers municipaux et pour procurer par le travail un léger soulagement à tant de misères ; mais cette somme était évidemment insuffisante et de nouveaux sacrifices étaient nécessaires.

On décida le 5 novembre qu'une souscription serait ouverte pour venir en aide aux femmes, aux vieillards et aux infirmes; les listes se couvrirent rapidement et la souscription produisit environ 80,000 francs, somme considérable si l'on réfléchit à la situation précaire dans laquelle chacun se trouvait alors.

Huit commissaires furent chargés de surveiller la distribution des secours.

LES GÉNÉRAUX BOURBAKI, FARRE ET FAIDHERBE.

Le général Bourbaki, sorti comme on sait de Metz, avait pris possession le 22 octobre du commandement de l'armée du Nord. En but dès son arrivée à d'injustes préventions, insulté par une certaine presse et hué par la populace à son passage à Douai, il continuait néanmoins avec une abnégation et un patriotisme admirables, l'organisation, on pourrait dire l'improvisation de son armée ; le 20 novembre il écrivait au ministre de la guerre qu'il était en état d'entrer en campagne, et il allait se mettre en marche sur Beauvais, quand, par suite des pires influences, il fut rappelé de l'armée du Nord, et envoyé à Nevers, par une décision datée du 18 novembre.

On était à la veille d'une bataille et quel que soit le mérite du général Farre chargé de remplacer Bourbaki, un changement de chef dans de pareilles circonstances ne pouvait avoir que des conséquences déplorables.

Le nouveau général modifia le plan de campagne de son prédécesseur et c'est vers Amiens que commença le 21 novembre le mouvement de concentration de l'armée du Nord.

Le général Farre ne fit d'ailleurs que l'intérim du 20 novembre au 1er décembre, date à laquelle le général Faidherbe prit le commandement des forces militaires des quatre départements du Nord.

PRISE D'AMIENS.

Les détails de la prise d'Amiens sont en dehors de mon sujet, je rappellerai seulement quelques noms et quelques dates pour mieux établir la liaison des faits.

Conformément aux dispositions arrêtées par le général Farre, la garnison d'Amiens, sous les ordres du général Paulze d'Ivoy, devait défendre la ligne marquée par les villages de Dury, Salouel et Pont-de-Metz à l'extrême droite.

Quant à l'armée proprement dite du Nord elle prolongeait les lignes de défense d'Amiens par Fouencamps, Boves, Cachy, Gentelles, Villers-Bretonneux et Bray à l'extrême gauche.

Le général Manteuffel, dont le quartier général était à Compiègne, fut informé dès le 22 novembre du mouvement de concentration de l'armée du Nord et résolut de l'attaquer immédiatement.

Alors eurent lieu successivement :

Le 24 novembre, le combat de Demuin,

Le 26, le combat de Boves,

Et enfin le 27, la bataille de Villers-Bretonneux qui

s'étendit jusqu'à Salouel, Dury, Boves, Gentelles et Hangard.

Le 27 au soir, l'armée du Nord battait en retraite sur Corbie et de là, le lendemain à trois heures du matin, elle se repliait sur Arras et Douai.

RETRAITE SUR ABBEVILLE.

La garnison d'Amiens se replia le 28 au matin sur Doullens et sur Abbeville, laissant la citadelle à la garde du brave capitaine Vogel qui s'y fit tuer et dont le successeur capitula le 30 novembre.

On peut s'imaginer quelle émotion régnait à Abbeville pendant ces combats du 24 au 28 et avec quel désespoir on vit arriver les débris des défenseurs d'Amiens.

On s'imaginait que les Allemands, poursuivant les vaincus, allaient d'un moment à l'autre arriver devant les murs de la ville.

Le 28, une patrouille prussienne était signalée à Ailly-le-Haut clocher, on battit le rappel dans les rues, mais cette fois encore les habitants en furent quittes pour une fausse alerte.

C'est vers le gros de l'armée du Nord que les Prussiens avaient dirigé leurs poursuites, le 1er décembre ils occupèrent Doullens et Albert et laissèrent de côté Abbeville pour quelque temps.

Toutefois, par suite de la prise d'Amiens, Abbeville devenait l'une des têtes de la ligne de résistance, sa garnison se trouvait augmentée et il était évident que la ville attirerait bientôt les convoitises ennemies. La position devenait donc très-critique.

En effet, le 1er décembre, 1000 Prussiens étaient signalés à Longpré et 70 à Pont-Remy annonçant qu'ils iraient le lendemain à Abbeville. Le 2 décembre, 14 hulans traversaient Sorel, 7 autres venaient à Hallencourt et 800 hommes d'infanterie étaient à Hornoy.

Il ne paraît pas douteux qu'Abbeville aurait été occupée dès cette époque, si des mesures de défense n'avaient été sagement prises par le conseil municipal ainsi que je l'ai expliqué précédemment.

Deux hardis cavaliers vinrent même jusque contre le mur crénelé fermant la porte Saint-Gilles, ils s'y arrêtèrent un instant, puis reprirent le chemin de Pont-Remy.

Ces démonstrations avaient divers buts, sans parler des réquisitions et des pillages dans les communes traversées. Manteuffel voulait sans doute sonder les intentions d'Abbeville et avoir une idée de ses moyens de résistance, mais il voulait surtout masquer son mouvement vers Rouen, laissant de côté l'armée du Nord qu'il supposait anéantie depuis la bataille de Villers-Bretonneux.

On apprit en effet que les Prussiens avaient évacué Longpré le 3 décembre, se repliant sur Amiens et faisant sauter les ponts qui donnent passage au chemin de fer sur la Somme à Picquigny. On apprit encore que le 7 ils avaient évacué Picquigny et qu'il ne restait qu'une faible garnison à Amiens.

Abbeville put donc se croire en sûreté au moins pour quelque temps.

NOUVELLE MARCHE DE L'ARMÉE DU NORD.

Néanmoins Faidherbe réorganisait activement et sans bruit son armée, et Manteuffel, qui croyait n'avoir plus à en prendre souci, fut désagréablement surpris en apprenant qu'une nouvelle armée du Nord, forte de plus de 30,000 hommes, après avoir fait une reconnaissance sur la, Fère et pris le fort de Ham le 11 décembre, menaçait Compiègne et Amiens.

Cette habile manœuvre de Faidherbe sauva probablement le Hâvre, car Manteuffel se hâta de revenir vers Amiens pour ne pas laisser couper ses communications avec l'Est.

SITUATION PÉRILLEUSE D'ABBEVILLE.

Le retour des Prussiens remettait Abbeville dans une position dangereuse, et il est nécessaire d'entrer dans quelques détails à ce sujet.

J'ignore quel était le plan de campagne du général Faidherbe, mais j'ai entendu répéter presque chaque jour par le commandant supérieur Babouin que l'ordre formel du général en chef était de subir au besoin un bombardement complet en se conformant au règlement militaire relatif à la défense des places fortes et sans tenir compte ni de la démolition de la ville ni des réclamations des habitants. Le général en chef avait même ajouté : « Si vous laissez « prendre la ville je serai forcé de la reprendre, elle aura « donc à subir deux siéges au lieu d'un. »

Abbeville, grâce à ses anciens remparts et aux barricades récemment construites près des portes, pouvait à la rigueur résister dans une certaine mesure à une tentative d'assaut, mais dominée de toutes parts par des hauteurs qui n'étaient pas défendues, il eût suffi de quelques heures de bombardement pour démolir la ville. Quant aux malheureux habitants, privés de réduits à l'épreuve de la bombe, privés même généralement de caves, puisque la ville repose en partie sur un marais tourbeux, ils étaient voués à une mort certaine.

Condamner Abbeville à un pareil sort en vue d'un résultat dont je cherche en vain le prix, eût été une atrocité et si je me reporte à la circulaire du 8 septembre du général Fririon, circulaire dont j'ai donné copie précédemment, je demeure convaincu que le général en chef n'avait pas le droit de traiter ainsi Abbeville, ville en partie démantelée et non place de guerre.

Il était difficile de faire valoir ces considérations auprès de dictateurs qui approuvent le : « Fusillez-moi ces gens-là » de M. Challemel-Lacour.

Le courageux maire d'Abbeville, M. Calluaud, osa cependant affronter ce danger et on se souvient de la discussion extrêmement vive qui en résulta le 14 décembre.

Je me hâte d'ajouter que M. Lardière s'opposa d'une manière absolue aux mesures rigoureuses qu'on lui prescrivait de prendre à l'égard de M. Calluaud à la suite de cette discussion.

DISSOLUTION DU CONSEIL MUNICIPAL ET DE LA GARDE NATIONALE.

Mr le préfet se contenta de rendre à la date du 15 décembre un arrêté prononçant la dissolution du conseil municipal et chargeant provisoirement M. Drincourt de remplir les fonctions de maire en attendant qu'une commission administrative eût été désignée.

Deux jours après, un arrêté du 18 décembre prononçait la dissolution de la garde nationale d'Abbeville.

La ville se trouvait ainsi, à la veille d'une catastrophe, sans mandataires pour protéger son existence et ses intérêts.

Au reste la suppression du conseil municipal et de la

garde nationale d'Abbeville n'est pas un fait isolé, cette suppression rentre dans le système révolutionnaire et tyrannique largement pratiqué dans toute la France à cette triste époque.

Il suffit en effet de rappeler que par décret du 25 décembre M. Gambetta, qui s'était improvisé dictateur, supprima d'un trait de plume les conseils généraux et les conseils d'arrondissement et qu'il les remplaça par des commissions départementales proposées par le préfet et nommées par le gouvernement, c'est-à-dire par M. Gambetta lui-même.

Si les conseils élus avaient mis obstacle à la défense j'aurais compris et excusé ces mesures arbitraires, mais il n'en était rien, au contraire. On se souvient en effet que le conseil municipal d'Abbeville, sans attendre l'intervention de l'État, avait pris l'initiative de la défense de la ville, qu'il avait voté les fonds et fait les travaux nécessaires. Ce même conseil avait voté 70,000 fr. pour donner du travail aux ouvriers, et il avait su recueillir 80,000 fr. de souscriptions pour soulager les pauvres. On se souvient encore que le conseil général de la Somme avait voté les fonds nécessaires pour entretenir un corps de volontaires et qu'en outre il avait fait une avance à l'État pour l'équipement et l'entretien des mobilisés.

Tels étaient les corps élus que l'on venait de briser sans autre excuse que celle de la folie furieuse.

Tout homme sensé, qui respecte ses semblables, ne peut que blâmer sévèrement de pareils procédés de gouvernement.

Pour en revenir au danger qui menaçait la ville, personne n'en doutait, officiers, soldats et habitants savaient ce qui les attendait et tous se préparaient avec une admirable abnégation à ce sacrifice complet à la patrie.

PLAN SUPPOSÉ DE FAIDHERBE.

Depuis la guerre j'ai souvent réfléchi à cette terrible situation et j'en suis arrivé à ne plus pouvoir admettre que le général Faidherbe ait donné sérieusement, c'est-à-dire avec l'intention de le faire exécuter, l'ordre dont il s'agit. Je ne puis penser qu'un officier français ait pu prescrire une mesure que j'ai entendu qualifier d'*infamie* par un vieil officier d'artillerie.

Voici quelle est l'hypothèse à laquelle je me suis arrêté :

En annonçant hautement ses vues sur Abbeville, en faisant publier dans les journaux que les habitants devraient s'approvisionner pour un mois de vivres, enfin en donnant tout le retentissement possible aux efforts déployés pour la résistance, Faidherbe voulait masquer son véritable plan qui était, je suppose, de se porter tout à coup vers l'Est de manière à détruire les lignes de chemin de fer entre Laon et Reims et entre Soissons et Reims. On se souvient que déjà des francs-tireurs avaient fait sauter le tunnel des Ardennes, les troupes allemandes assiégeant Paris et la Normandie auraient donc été privées de presque toutes les voies ferrées communiquant avec l'Allemagne et ainsi prises à dos elles auraient pu se trouver dans une fâcheuse situation.

Ce plan présentait-il trop de difficultés d'exécution ? ou bien le général Faidherbe en a-t-il été détourné par quelqu'ordre de l'avocat Gambetta ou de l'oculiste Testelin ? c'est ce que nous ne saurons probablement jamais.

Toutefois je penche pour cette dernière explication parce que dans sa *Notice sur la campagne de l'armée du Nord* (page 59), le général Faidherbe dit qu'à la date du

15 janvier il reçut de Bordeaux un télégramme envoyé par M. Freycinet, l'avertissant que le moment d'agir rigoureusement était venu.

Le général en chef recevait donc à l'improviste l'ordre de marcher quand même, sans se préoccuper de ses ressources, de sa position, de son plan d'ensemble et de ses chances de succès.

C'est ainsi que fut décidée la malheureuse bataille livrée à Saint-Quentin le 19 janvier.

Je reviens aux faits qui concernent plus spécialement Abbeville.

M. PLANCASSAGNE, COMMANDANT DE PLACE.

Après la retraite d'Amiens, Abbeville, devenue résidence préfectorale et traitée comme place de guerre, devait pourvoir à divers emplois militaires qui jusqu'alors étaient naturellement vacants.

Dès le 28 novembre, on avait nommé commandant de place un habitant de la ville, M. Carpentier, lieutenant-colonel d'artillerie en retraite. Bien qu'il eût perdu une jambe en Afrique, il était encore suffisamment actif et vigoureux pour ces nouvelles fonctions, il était d'ailleurs précieux par son expérience et par ses connaissances spéciales.

J'ignore pourquoi il ne fut commandant de place que pendant quelques jours.

Le 13 décembre, M. Plancassagne remplaçait M. Carpentier et faisait afficher la proclamation suivante :

« Officiers, sous-officiers et soldats,

« Citoyens d'Abbeville,

« Appelé au commandement supérieur de la place, je « veux en peu de mots vous faire connaître ma conduite à « tenir pour nous tous et pour le salut de tous.

« L'ennemi est à nos portes, et, pour le repousser vic-
« torieusement, il nous faut, outre des hommes et des
« munitions, le courage et le patriotisme. Que les trem-
« bleurs et les lâches se retirent le plus promptement
« possible ; pas de faiblesse, pas d'hésitation !

« Et que les traîtres prennent garde à eux, je possède
« des moyens de répression qui seront une leçon pour les
« autres. La ville ne se rendra pas tant qu'il nous restera
« une cartouche et un biscuit. La France républicaine,
« qui peut seule nous régénérer, a besoin du concours
« énergique de tous ses enfants.

« Sauvons-la donc, sachons mourir s'il le faut pour sa
« sainte cause, et, dignes héros de 92, nous aurons acquis
« la gloire incomparable d'avoir bien mérité de la
« patrie. »

Comme patriotisme, peu éclairé il est vrai, c'était parfait.

Comme rédaction, c'était très-faible, mais on n'y prenait pas garde.

Comme à-propos, c'était déplorable.

Quelle raison, en effet, de venir supposer des trembleurs, des lâches et des traîtres parmi les officiers, sous-officiers, soldats et citoyens d'Abbeville ? Tous comprirent l'injure et la popularité du commandant Plancassagne fut pour toujours compromise par ce fâcheux début.

Et cependant pour tous ceux qui l'ont connu durant cette campagne, le commandant Plancassagne était doux, sobre, obligeant et excellent homme. Rien en lui ne ressemblait au croquemitaine provocateur qui avait rédigé sa proclamation. Il faut observer d'ailleurs qu'au 13 décembre Abbeville n'avait pas un seul canon et que sa garnison ne dépassait pas 2000 hommes.

Ancien sergent d'infanterie de marine, M. Plancassagne

avait probablement négligé l'équitation ; or l'équitation est une de ces sciences diaboliques que l'abondance du souffle républicain ne peut remplacer. Il en advint que pendant une revue, surpris par un accès de gaîté intempestive de son cheval, le commandant Plancassagne passa devant ses soldats dans une attitude qui n'était pas celle du commandement et finit par tomber sur le pavé de la rue Saint-Vulfran. Cette chûte exigea un repos absolu de dix jours à la suite desquels le commandant renonça à l'usage du cheval et il fit bien.

Il continua du reste les fonctions de commandant de place et de commandant supérieur de la garnison d'Abbeville jusqu'au 31 décembre, époque à laquelle M. Babouin vint prendre le commandement supérieur, ainsi que je l'expliquerai un peu plus loin.

M. DE LAGRENÉ, COMMANDANT DU GÉNIE.

Avant la retraite d'Amiens le personnel du génie à Abbeville se composait d'un garde du génie et d'un portier consigne, attachés principalement au service des casernements. Ce personnel était alors suffisant.

Mais du jour où il fut décidé qu'Abbeville soutiendrait au besoin un siége en règle, il devint indispensable d'y envoyer un officier du génie.

Le ministre de la guerre chargea de cette mission le capitaine de Lagrené, qui prit le commandement du génie de la place d'Abbeville vers le 15 décembre.

M. de Lagrené, ingénieur des ponts et chaussées, attaché à la compagnie des chemins de fer de l'Ouest, avait quitté Paris la veille de l'investissement et était venu se fixer à Rouen, pour y continuer son service. Mais les progrès de l'invasion ayant bientôt fait interrompre la marche des trains réguliers, il s'était mis à la disposition du ministre de la guerre, bien qu'il eût dépassé l'âge des classes appelées.

Nommé capitaine du génie, à titre auxiliaire, M. de Lagrené fut, comme je viens de le dire, envoyé à Abbeville vers le milieu de décembre.

Ce choix s'expliquait d'autant mieux, que M. de Lagrené avait été quelques années auparavant chargé du service des ponts et chaussées de l'arrondissement d'Abbeville. Connu des entrepreneurs et des ouvriers, il était mieux que tout autre en position d'obtenir d'eux un maximum d'efforts et de sacrifices. Il avait, en outre, une connaissance parfaite de la topographie des environs et cette connaissance fut mise à profit pour l'établissement des nouveaux ouvrages de défense qui furent bientôt créés comme par enchantement autour de la ville.

Mais avant de parler de ces ouvrages, commencés en janvier, après l'arrivée de M. Babouin, j'ai encore à mentionner divers faits importants survenus vers la fin de décembre.

COMMUNICATIONS ENTRE AMIENS ET ABBEVILLE.

Malgré l'occupation d'Amiens et de Picquigny par les Allemands, il existait encore des moyens de communication entre Abbeville et le chef-lieu du département.

Deux omnibus faisaient chaque jour le trajet, ainsi que quelques voitures particulières.

Les habitants d'Amiens privés de nouvelles recherchaient beaucoup *l'Abbevillois* et *le Pilote* qui étaient, je crois, les seuls journaux imprimés dans le département; chaque omnibus emportait donc un certain nombre de ces feuilles.

Mais il fallait une grande prudence pour les faire passer

à travers les patrouilles ennemies qui cherchaient naturellement à saisir nos dépêches.

Souvent les voitures étaient arrêtées et des perquisitions minutieuses étaient faites, soit dans les véhicules, soit sur les voyageurs, que les hulans ne craignaient pas de faire déshabiller complétement malgré la rigueur de la saison.

La crainte de ce désagrément et la durée du trajet, qui n'était pas tout à fait sans danger, écartaient bien des voyageurs. On n'allait donc à Amiens que quand il y avait absolue nécessité.

Chaque semaine un messager venait prendre chez divers habitants d'Abbeville les lettres ou les journaux pour Amiens et moyennant un prix d'environ 1 fr. par commission il se chargeait du transport, mais sans rien garantir.

Ce messager avait une manière particulière de dissimuler ses dépêches et quoique les hulans aient souvent visité sa personne et sa voiture, la cachette n'a jamais été découverte.

J'ai fait parvenir par son intermédiaire bien des lettres et des journaux à Amiens et jusque près de Péronne.

COMBAT DE LONGPRÉ.

Le 21 décembre, je revenais d'Amiens où j'avais été en tenue bourgeoise prendre quelques renseignements sur les forces allemandes occupant le chef-lieu ou échelonnées le long de la route d'Abbeville.

L'omnibus qui me ramenait quitta paisiblement la place Périgord vers dix heures du matin. Les nombreux régiments prussiens qui circulaient dans la ville se rangeaient complaisamment pour nous livrer passage, leur attitude n'avait rien d'hostile. On s'était cependant battu la veille à

Querrieux et on se préparait à recommencer le surlendemain 23, à Pont-Noyelles.

A peine notre voiture avait-elle franchi les dernières maisons du faubourg que quatre hussards vinrent se mettre à l'arrière le pistolet dirigé vers nous, et ils nous escortèrent ainsi jusqu'à Longpré où nous arrivâmes vers deux heures et demie.

Ce voyage de plusieurs heures au bout de quatre révolvers peu scrupuleux nous procura quelque émotion ; une dame prit le parti de s'évanouir. J'étais placé contre la portière et par conséquent très-rapproché des hussards ; j'avais en face de moi une religieuse qui égrenait tranquillement son chapelet.

A Longpré il y eut une vive alerte.

Ce village était occupé par un détachement envoyé d'Abbeville, de sorte que tout à coup nous nous trouvâmes avoir un peloton de mobiles devant la tête de nos chevaux tandis que les quatre hussards n'étaient qu'à quelques mètres en arrière ; si à ce moment l'attaque avait commencé nous aurions été pris entre deux feux presque à bout portant.

Heureusement les mobiles eurent la prudence de ne pas tirer avant que notre voiture eût dépassé les premières maisons ; de leur côté les hussards tournèrent bride, et partirent au galop dès qu'ils aperçurent nos soldats.

Les balles sifflèrent pendant que l'omnibus tournait rapidement une rue et se mettait à l'abri.

Le lendemain 22, on amena à Abbeville quatre hussards faits prisonniers entre Longpré et Picquigny, et qui probablement n'étaient autres que nos quatre hommes d'escorte de la veille. Deux d'entre eux étaient blessés mortellement.

Ces éclaireurs prussiens n'avaient d'autre but que de venir reconnaître notre avant-poste, leur présence indiquait comme probable un projet d'attaque qui ne se fit pas attendre longtemps.

Le commandant Plancassagne se préoccupa dès le lendemain de renforcer la garnison de Longpré, malheureusement il ne le fit que d'une manière insuffisante.

On porta son effectif à environ 800 hommes, mais plusieurs n'avaient que des fusils à piston et un grand nombre étaient dans un état de fatigue et de délabrement extrêmes. A la vérité le chemin de fer et le télégraphe permettaient d'apporter rapidement du secours, mais on ne se trouva pas préparé quand l'attaque eut lieu.

Les indications ne manquèrent cependant pas ; en effet, le 24, nos éclaireurs avaient une escarmouche près de l'abbaye du Gard, le 27 une autre rencontre avait lieu à l'Étoile entre une patrouille de mobilisés et une colonne d'environ 400 Allemands.

Enfin le 28, l'ennemi résolut d'en finir avec notre petite garnison de Longpré qui le harcelait sans cesse et gênait les reconnaissances dirigées vers Abbeville.

Arriver à l'improviste avec des troupes quatre ou cinq fois plus nombreuses et tâcher d'envelopper les nôtres, telle fut comme toujours la tactique des Prussiens.

Partis de Picquigny avant le jour, au nombre d'environ 1600 dont 300 cavaliers, ils se gardèrent bien de suivre le chemin direct qui conduit à Longpré ; ils firent au contraire un détour par Airaines afin de mieux masquer leur mouvement. Par surcroît de précautions une colonne auxiliaire d'environ 500 hommes, venue par Hangest, gardait la rive droite de la Somme.

Le colonel Pestel, commandant de l'expédition, espérait ainsi entourer Longpré sans être soupçonné et couper tous les chemins de retraite à nos soldats.

Par un surcroît de fatalité c'est la colonne de la rive

droite qui fut aperçue la première vers onze heures du matin, nos mobiles crurent à une attaque de ce côté et négligèrent de se garder suffisamment du côté opposé, de telle sorte que le colonel Pestel put atteindre Longpré à l'improviste vers une heure et s'emparer de la position importante du château, sans rencontrer d'obstacle.

Notre avant-poste reconnut alors son erreur et se retournant vivement, mobiles et mobilisés engagèrent bravement un combat bien inégal.

Les détails de la lutte ont été racontés dans une intéressante brochure qui a pour titre *L'affaire de Longpré* (imprimée à Arras, chez Brissy). Je n'en dirai donc qu'un mot pour rappeler d'une part les actes de barbarie commis par les Prussiens et d'autre part la belle conduite du curé d'Airaines.

On avait improvisé une ambulance dans un café situé près de l'église, à l'angle des rues d'Airaines et du Cloître, on venait d'y apporter un mobile atteint d'une balle à la tête. Deux médecins militaires, le cafetier M. Moy et sa fille se tenaient autour du blessé qui, après un premier pansement, se chauffait près du poële, quand quatre Prussiens entrent, fusillent à bout portant le mobile blessé et dirigent ensuite leurs armes contre les deux médecins bien qu'ils fussent porteurs du brassard à la croix rouge.

« Avec une adresse singulière, raconte l'un d'eux, mon « aide relève un fusil dirigé vers lui et la balle passant « par dessus son épaule va trouer le plafond, de mon « côté je m'élance vers les agresseurs et je détourne leurs « armes ; l'un d'eux, furieux de n'avoir pu m'atteindre, me « lança un coup de crosse qui déchira mes vêtements et « me fit une légère blessure à la poitrine. »

Après cet exploit, les quatre Prussiens volèrent l'argent du comptoir, avalèrent un litre de rhum et un litre d'absinthe ; enfin avant de sortir, ils enlevèrent les chaussures neuves d'un mobile qui rendait le dernier soupir.

Dans le village, des actes semblables furent commis.

Une femme, nommée Clémentine Miannay, fut tuée pour avoir voulu défendre son mari.

Un berger, Constant Dulin, fut également mis à mort parce qu'il voulait rentrer chez lui pendant que les Prussiens y faisaient des perquisitions.

Un boulanger, Gabry, fut tiré de force hors de sa maison où il travaillait à faire le pain, puis on le fusilla sur le pas de sa porte.

Je m'arrête dans cette sanglante énumération, bien qu'elle ne soit pas complète.

Après de semblables forfaits, il faudrait être un saint pour ne pas rêver à de terribles représailles, et si un jour nous sommes féroces à notre tour, on saura pourquoi.

En opposition à ce sinistre tableau, voici un touchant épisode dont le héros est M. le curé d'Airaines.

Plusieurs habitants de Longpré avaient pris part à la lutte ; n'ayant pu les saisir les armes à la main, le colonel Pestel donna l'ordre de ramasser tous les hommes que l'on trouverait dans le village. On lui en amena ainsi 22, qui furent réunis aux autres prisonniers militaires et on leur annonça qu'on les fusillerait à Amiens.

Les Prussiens, craignant toujours d'être attaqués par un renfort qu'Abbeville aurait dû envoyer, reprirent le chemin détourné par lequel ils étaient arrivés et vinrent coucher à Airaines où les prisonniers furent enfermés dans l'église.

« Après une nuit d'angoisses, raconte M. Louandre,
« dans la *Revue des Deux-Mondes*, au moment où les pri-
« sonniers alignés entre deux rangs de hulans allaient par-
« tir pour Amiens, le curé se présenta devant le colonel.

« Voilà le vieillard dont je vous ai parlé, dit-il, est-ce là
« un homme capable de s'être battu ?— M. le curé, prenez-
« le puisque je vous ai promis de le rendre. — Et celui-là
« vaut-il mieux que l'autre? — Pour le coup vous êtes
« trop exigeant. — Eh bien ! reprit le curé avec l'autorité
« que donne le sentiment d'une belle action, ce n'est
« pas seulement cet homme que je vous demande, mais ce
« sont tous les autres. De quoi sont-ils coupables après
« tout, d'avoir voulu défendre leur pays. Vous ne les tue-
« rez pas de sang-froid. Les lois de la guerre ne justifient
« pas l'assassinat, je le jure au nom du Dieu des armées
« qui est aussi le juge.....

« Les soldats de l'escorte appuyés sur leurs fusils ne
« comprenaient rien aux paroles du prêtre, mais ils l'écou-
« taient avec un étonnement mêlé de respect; le colonel,
« indécis, s'était dressé sur ses étriers ; quand tendant la
« main vers le curé qui se rapprochait comme pour lui
« barrer la route : « Je vous rends vos prisonniers, dit-il,
« qu'ils retournent dans leurs familles. »

Puis se sentant gagner par l'émotion qui suffoquait le bon curé, il donna brusquement l'ordre du départ et la colonne se mit en marche, conduisant en captivité les mobiles et les mobilisés qui avaient été faits prisonniers la veille.

La dépêche par laquelle les Prussiens annoncèrent leur victoire est ainsi conçue :

Albert, 30 décembre.

« Officiel. — Le 28, le colonel Pestel, des hulans, avec
« une colonne volante de trois compagnies et trois esca-
« drons, a battu, près de Longpré, trois bataillons de
« gardes mobiles. Il leur a pris trois drapeaux, dix offi-
« ciers et 230 hommes. De notre côté il y a eu 6 hommes
« blessés. »

Il est bon de remarquer que l'un des drapeaux était celui de la mairie, un autre celui des pompiers et le troisième une bannière de compagnie d'archers.

Quant au nombre des tués et blessés prussiens on ne l'a pas connu à Longpré, mais le chiffre annoncé par la dépêche paraît très-éloigné de la vérité. Le combat avait en effet duré chaudement pendant trois heures.

Le 29 on ramena à Abbeville cinq voitures renfermant une quinzaine de blessés, quelques-uns succombèrent, tous furent soignés avec empressement, soit à l'Hôtel-Dieu, soit dans une ambulance de charité.

Huit morts avaient été laissés sur place. Un petit monument élevé par leurs camarades indique l'endroit où ils reposent dans le cimetière de Longpré.

SOMMATION A ABBEVILLE.

La déroute de Longpré faillit entraîner la perte d'Abbeville.

Le colonel Pestel informé de l'émotion qui régnait dans la ville repartit de Picquigny le 30 décembre de grand matin, avec une colonne de 2000 hommes. Il laissa de côté le chemin qu'il avait suivi le 28, craignant d'y rencontrer des troupes venues à sa poursuite et il entra brusquement à Saint-Riquier, vers trois heures de l'après-midi.

Aussitôt il envoya à Abbeville trois hulans, précédés du drapeau parlementaire et guidés par un habitant de Saint-Riquier.

En attendant il se mit en mesure de repousser une attaque et fit construire une barricade, en travers de la route nationale n° 25, à l'entrée de Saint-Riquier.

La surprise fut grande à Abbeville, quand on apprit que la ville était sommée de se rendre à discrétion sous peine d'être attaquée le lendemain par des troupes que l'on croyait encore à Picquigny.

Les trois hulans furent conduits, les yeux bandés, à la sous-préfecture où résidait le commandant Plancassagne et où un conseil de guerre fut aussitôt réuni pour délibérer sur la réponse à envoyer au colonel Pestel.

Des renseignements contradictoires circulaient sur la composition de la colonne prussienne qui venait ainsi nous menacer à l'improviste ; selon les uns cette colonne n'était que de 500 hommes, sans canons ; suivant d'autres, elle comprenait plus de 2000 hommes avec de l'artillerie, on ajoutait que les canons étaient rangés sur la place devant l'église et qu'on ne laissait personne en approcher ; suivant une autre version ces canons étaient en bois peint, imitant parfaitement le bronze, la vérité est qu'il n'y avait pas d'artillerie à Saint-Riquier.

On était réellement dans un embarras plein d'angoisses, à Abbeville. Nous n'avions alors qu'une garnison qui n'atteignait pas je crois 2000 hommes, la garde nationale était dissoute et en fait d'artillerie nous n'avions qu'une mitrailleuse d'un nouveau système, envoyée par un inventeur de Gamaches, mais non encore essayée ; en outre on était un peu démoralisé par l'échec de Longpré. En résumé, nous n'étions certainement pas en état de résister à 2000 hommes que nous supposions munis de canons.

On résolut de gagner du temps et on envoya à Saint-Riquier deux parlementaires, sous prétexte de demander au colonel Pestel quelles seraient les conditions de la capitulation, mais surtout pour observer et pour tâcher d'apprendre quelque chose de précis sur la composition de la colonne ennemie.

Cette mission délicate aurait dû être confiée à des officiers d'élite, capables de voir malgré tout et de ne pas se laisser circonvenir. Il n'en fut rien.

C'est vers six heures que nos parlementaires partirent pour Saint-Riquier avec les trois hulans.

Le colonel Pestel qui devinait parfaitement le but de notre démarche reçut nos envoyés avec une grande courtoisie, les officiers leur offrirent des rafraichissements et l'entrevue se passa au cabaret en protestations de bons sentiments.

Bref, nos parlementaires revinrent fort tard dans la nuit rapportant des cigares offerts par les Prussiens, mais n'ayant rien vu et rien appris sur l'objet principal de leur mission.

Le colonel Pestel informait d'ailleurs le commandant Plancassagne qu'il n'avait aucune condition particulière à poser pour la capitulation de la ville, mais que la garnison serait prisonnière à l'exception des officiers qui s'engageraient à ne plus servir pendant la guerre.

Il est probable que si les Prussiens avaient tenté d'entrer dans Abbeville, pendant la nuit du 30 au 31 décembre, ils y auraient réussi tant était grand alors le trouble résultant d'une surprise et du défaut de commandement.

Heureusement ils ne sortirent pas de Saint-Riquier et le lendemain matin tout était changé comme on va le voir.

ARRIVÉE DU COMMANDANT BABOUIN.

Le 30 décembre, aussitôt l'arrivée des trois hulans, le commandant Plancassagne avait télégraphié à Lille pour informer le général Faidherbe de la position critique dans laquelle il se trouvait. Le sens de la dépêche, dont je n'ai pas conservé le texte, était le suivant : « Si vous ne nous « envoyez pas cette nuit du renfort, nous allons être obligés « de capituler. »

Dans la soirée arriva de Lille un télégramme signé par le colonel de Villenoisy, chef d'état-major du général Faidherbe. Il disait fort sévèrement et injustement selon moi à M. Plancassagne que sa dépêche précédente était une forfaiture, qu'on ne devait capituler sous aucun prétexte et qu'enfin on allait envoyer du renfort.

Le commandant Plancassagne fut bouleversé par les termes de cette dépêche, je l'ai vu essayant vingt brouillons de réponse au colonel de Villenoisy et ne pouvant en terminer aucune, son prédécesseur M. Carpentier essayait en vain de le calmer. Il était fort tard quand je le quittai et la réponse n'était pas encore composée ; le commandant paraissait toutefois donner la préférence à la rédaction suivante : « Il n'y a pas de forfaiture, nous nous défendrons, « vous le verrez bien. » J'ignore si elle a été envoyée.

En même temps le colonel de Villenoisy télégraphiait à Boulogne au commandant Babouin : « Partez cette nuit par « train spécial pour Abbeville où l'on prend peur, amenez « vos canons avec munitions, demandez des pointeurs à « Calais qui a ordre de les donner, mettez les pièces sur « les remparts. Ne capitulez sous aucun prétexte. »

Le 31 décembre, à quatre heures du matin, M. Babouin arrivait en effet à Abbeville et, prenant immédiatement le commandement supérieur, il envoyait à Saint-Riquier l'avis suivant :

« *A Monsieur le colonel Pestel,*
commandant des forces allemandes à Saint-Riquier.

« Accouru cette nuit de Boulogne prendre le comman- « dement de la place d'Abbeville, je trouve en arrivant

« les conditions que, avec une courtoisie que je me plais à « reconnaître, vous avez bien voulu indiquer pour une « capitulation éventuelle de la garnison.

« Vous comprendrez sans doute que je n'ai pas même à « les examiner.

« Signé : BABOUIN. »

EXPÉDITION DE RUE.

Le colonel Pestel n'insista pas davantage, il comprit que son coup de main était manqué et quitta Saint-Riquier dans la soirée du 31. Toutefois conservant peut-être une arrière-pensée de retour et sachant bien qu'Abbeville ne pourrait être secourue que par le chemin de fer de Boulogne, il se dirigea vers Rue et y fit enlever les rails sur une certaine longueur ; heureusement il était déjà trop tard.

En effet dans la journée du 31 le commandant Babouin avait eu le temps de recevoir 23 bouches à feu, des munitions, des artilleurs, et de nouvelles troupes.

Le colonel Pestel en apprenant ce détail se hâta de s'éloigner dans la nuit du 1er au 2 janvier dans la direction d'Auxi-le-Château.

Le commandant Babouin prenant l'offensive se lança le 2 janvier à sa poursuite avec une demi-batterie et trois bataillons, mais le croyant encore aux environs de Rue, il se dirigea vers Bernay et Arry tandis que les Prussiens s'échappaient sur sa droite.

On ne trouva donc rien devant soi et la petite colonne put rentrer le soir même à Abbeville par le chemin de fer qui avait été immédiatement réparé.

ÉTABLISSEMENT D'EMBRASURES SUR LES REMPARTS.

De l'arrivée du commandant Babouin datent les mesures prises en vue d'une défense à outrance à Abbeville.

Il y avait beaucoup à faire et cela se comprend puisqu'on n'avait rien ajouté jusqu'alors aux petits ouvrages exécutés dès le mois de septembre par le conseil municipal.

Il n'existait au 1er janvier 1871 aucune embrasure sur les remparts d'Abbeville. Le commandant du génie reçut l'ordre d'en pratiquer immédiatement un nombre suffisant pour pouvoir utiliser nos 23 canons et, bien qu'il n'eût à sa disposition aucun crédit, cent et quelques embrasures étaient exécutées en quelques jours. Leurs emplacements avaient été choisis de manière à enfiler ou à battre en écharpe tous les chemins conduisant à la ville.

Une embrasure se compose, comme on le sait, d'une tranchée ouverte à travers le parapet du rempart. Cette tranchée présente la forme générale d'un entonnoir dont la gorge tournée du côté de la place n'a qu'une largeur un peu supérieure au diamètre du canon. L'embrasure s'élargit vers l'extérieur de manière à procurer un champ de tir d'une certaine étendue sans découvrir les servants de la pièce.

Il en résulte que vers la gorge, les talus de l'embrasure sont très-raides et ont besoin d'être soutenus tandis que vers l'extérieur ces talus s'adoucissent et peuvent souvent se tenir seuls.

Faute de gabions qu'on n'avait pas le temps d'exécuter, les talus furent soutenus au moyen de piquets. Quant à la plate-forme sur laquelle doit rouler la pièce en arrière de chaque embrasure elle fut composée de madriers jointifs.

Ces pièces de charpente provenaient des abattis de la porte du Bois, elles étaient débitées par une scie à vapeur appartenant à M. Bertrand, entrepreneur.

ABATAGE D'ARBRES AUTOUR DE LA VILLE.

Pour compléter ce qui précède je vais dire de suite en quoi consistaient les abattis faits autour de la ville.

Il existait autour d'Abbeville et principalement à la porte du Bois, à la Bouvaque, à Thuison, et à Menchecourt, des plantations qui auraient complétement empêché le tir des remparts et auraient permis à l'ennemi de s'approcher à portée de fusil sans se découvrir. Leur destruction était indispensable à la défense et de même que Paris avait vu mutiler son bois de Boulogne, Abbeville vit tomber les arbres qui dans la belle saison lui formaient une enceinte de verdure et un lieu de promenade.

Ces abatages n'étaient exécutés que sur l'ordre précis du commandant supérieur qui seul avait le droit de les prescrire.

Ainsi que je l'ai dit d'une manière générale, les chefs de service faisaient leurs propositions au rapport du soir ; après examen en commun le commandant supérieur statuait, puis l'ordre était envoyé le lendemain matin.

Voici celui qui est relatif aux plantations nuisibles à la défense :

Extrait de l'ordre du 6 *janvier* 1871.

« Les arbres et les massifs qui peuvent être une gêne
« pour la défense seront abattus, notamment chez M. Mac-
« queron (à Thuison et à la Bouvaque), chez madame veuve
« Victor Morel (à Menchecourt) et chez tous les proprié-

« taires voisins où cet abatage sera jugé nécessaire par le « colonel Crouzat et le commandant de Lagrené qui sont « chargés de l'exécution du présent.

« Signé : BABOUIN. »

Nulle part on ne trouva de résistance, chacun comprit qu'il fallait subir avec résignation les besoins de la défense.

Au reste les arbres abattus se trouvaient dans l'ancien rayon de servitude des fortifications, ils avaient été plantés avant le déclassement de la ville et on admettait que non-seulement il n'était dû aucune indemnité aux propriétaires mais qu'en outre on aurait pu exiger d'eux l'abatage. Le seul moyen d'aller vite consistait à travailler d'office et c'est ce procédé sommaire qui fut adopté.

Un seul propriétaire, M. Macqueron, tout en se laissant exécuter de bonne grâce, signifia au préfet qu'il se réservait de faire valoir ultérieurement ses droits à une indemnité. J'ignore ce qui en est advenu depuis.

Les arbres appartenant à des particuliers furent laissés sur place, ceux appartenant à l'État près de la porte du Bois et le long du champ de manœuvres furent en partie rentrés et affectés aux travaux de défense.

En résumé on menait de front l'abatage, le fagotage et l'équarrissage des arbres, le sciage des madriers et la confection des piquets pour les embrasures, ainsi que l'exécution des terrassements, des revêtements et des plates-formes.

On se souvient que le mois de janvier fut très-froid ; bien des pauvres, manquant de combustible, profitèrent des abattis de la porte du Bois pour se procurer en fraude quelques fagots; le service du génie avait d'abord fermé les yeux par humanité, mais les déprédations prirent bientôt de telles proportions qu'il fut nécessaire d'y mettre un terme. On fit des visites domiciliaires et on exerça des poursuites contre de véritables spéculateurs qui emmagasinaient chez eux, non-seulement du bois de chauffage, mais encore des pièces de charpente pour les vendre ensuite; il fallut menacer de la cour martiale pour faire cesser ces enlèvements.

ATTELAGE DES CANONS.

Les canons que le commandant Babouin avait amenés avec lui étaient arrivés pour la plupart sans caissons, sans chevaux, sans harnais et sans roues de rechange, il fallut s'occuper activement de les compléter et de les atteler.

On passa des marchés avec les selliers et les carrossiers. d'Abbeville et les travaux nécessaires furent promptement exécutés. MM. Richard frères en eurent je crois la plus grande partie.

Quant aux chevaux d'attelage il fallut faire des réquisitions.

Un décret de Tours, en date du 22 novembre, concernant l'organisation des batteries d'artillerie, donnait aux préfets le pouvoir de requérir les chevaux nécessaires aux attelages. A cet effet chaque préfet devait nommer un jury chargé de fixer la valeur des chevaux requis, puis chaque jury devait nommer un ou plusieurs comités de remonte chargés de désigner les chevaux et les harnais à réquisitionner pour satisfaire aux demandes de l'artillerie et des équipages.

Le comité de remonte d'Abbeville, composé de MM. Gabriel de Valanglart, Déprez, etc., visita les écuries d'Abbeville et des environs et sut procurer en temps utile les chevaux nécessaires.

RÉTABLISSEMENT DU PROFIL DES FORTIFICATIONS.

Les remparts d'Abbeville devaient être défendus non-seulement par l'artillerie, mais aussi par des fantassins placés sur des banquettes qui longent le parapet des fortifications et qui portent le nom de *banquettes de l'infanterie*.

Ces banquettes avaient été exécutées régulièrement autrefois, mais depuis longtemps leur profil s'était trouvé plus ou moins déformé, elles avaient même complétement disparu en plusieurs endroits. Or pour que le soldat puisse viser et tirer rapidement sans se découvrir il faut qu'il soit bien posé sur le sol.

Il était donc nécessaire de rétablir la banquette de l'infanterie sur tout le développement de l'enceinte, c'est-à-dire sur environ six kilomètres de longueur.

Ce travail fut fait en grande partie par les ateliers de la ville.

J'expliquerai un peu plus loin comment le service du génie parvint à se procurer des ouvriers en dehors des ateliers de la ville quoiqu'il n'eût aucun crédit à sa disposition.

ÉTABLISSEMENT DE PALANQUES DEVANT LES PORTES.

On jugea que certaines portes n'étaient pas suffisamment défendues par les murs crénelés exécutés depuis trois mois par le conseil municipal et on décida que les routes seraient barrées par des palanques placées devant les portes.

Une palanque se compose de corps d'arbres non

équarris, de 3 mètres 50 à 4 mètres de longueur, terminés en pointe à leur sommet et que l'on place jointifs en les enterrant de 1 mètre à 1 mètre 50 dans le sol de manière à présenter un obstacle de 2 mètres 50 de hauteur. On pratique dans les joints, à 1 mètre 50 ou 2 mètres au dessus du sol et avec environ 1 mètre d'écartement, de petites meurtrières de 25 centimètres de hauteur et de 8 centimètres de largeur à l'extérieur, légèrement évasées vers l'intérieur.

En outre afin d'éviter que ces meurtrières puissent être embouchées du dehors, on creuse un fossé au pied et en avant de la palanque. On a soin de choisir l'emplacement de manière que la palanque ne puisse être attaquée par le flanc.

La palanque laisse d'ailleurs une ouverture libre d'environ 2 mètres 50 de largeur pour le passage des voitures. Cette ouverture est fermée la nuit ou en cas d'attaque, par un cheval de frise solidement enchaîné et cadenassé.

On obtint ainsi des portes avancées faciles à défendre et présentant une grande résistance.

Enfin en avant des palanques on étendit sur le sol des branches coupées en pointe, le bout un peu relevé et tourné du côté opposé à la ville, afin de gêner la marche des assaillants.

INONDATION ARTIFICIELLE.

Avant son déclassement la place d'Abbeville était pourvue d'un système de retenues capable de produire autour des remparts une inondation assez étendue. Il suffisait de barrer jusqu'à un niveau convenable les eaux de la Somme, du Scardon et de quelques sources coulant dans les graviers aux abords de la porte Saint-Gilles.

Mais les barrages abandonnés depuis le déclassement n'étaient plus en état de servir et il eût été bien difficile de les restaurer de suite de manière à retrouver l'ancien niveau d'inondation. Cependant au moyen de quelques bâtardeaux provisoires et en manœuvrant convenablement les ouvrages de navigation établis sur le canal de transit et sur le bras des Six-Moulins, on put obtenir quelques décimètres de surélévation dans les fossés et sur certains terrains bas.

Pour rendre l'accès des fossés plus difficile on établit sur leur crète extérieure un fil de fer continu attaché à des piquets, à une hauteur d'environ 30 centimètres au dessus du sol.

L'assaillant n'a pas le temps d'apercevoir ce fil de fer, il s'y prend les pieds et tombe dans l'eau du fossé.

CASSAGE DE LA GLACE.

Au lieu de dire *l'eau* je devrais dire *la glace* des fossés, car pendant la plus grande partie du mois de janvier les fossés restèrent gelés et on aurait pu les franchir à pied sec.

Il fallait donc chaque matin envoyer une centaine d'hommes pour casser la glace.

Le commandant du génie essaya l'emploi de la poudre pour effectuer ce cassage rapidement et économiquement ; n'ayant pas réussi il demanda de la dynamite pour continuer ses essais, mais elle n'arriva pas à temps.

Depuis cette époque, en décembre 1871, on a appliqué avec beaucoup de succès la dynamite au cassage de glaces d'environ 20 centimètres d'épaisseur, pour rétablir le chenal navigable du Rhône dans la traversée de Lyon.

Je regrette que le cadre de cette notice ne me permette pas d'expliquer la manière de procéder, je me borne à dire qu'il faut faire agir la force explosive dans le sens horizontal et non dans le sens vertical.

DÉFENSE DES FAUBOURGS D'ABBEVILLE.

Il ne suffisait pas de mettre l'enceinte d'Abbeville en état de résister à une attaque de vive force, il fallait encore en défendre les voies d'accès.

A cet effet le commandant supérieur rendit l'ordre suivant.

Extrait de l'ordre du 6 janvier 1871.

« Des maisons seront crénelées et occupées dans le fau-
« bourg Saint-Gilles, dans le faubourg Thuison et dans
« le faubourg du Bois. M. le colonel Crouzat de concert
« avec M. le commandant de Lagrené est chargé d'indi-
« quer les maisons auxquelles s'appliquent ces travaux de
« défense; ce dernier est chargé de l'exécution. »

Signé : BABOUIN.

Le commandant du premier bataillon des mobilisés du Nord, M. Saphore, était un ancien lieutenant du génie, démissionnaire, et chef d'une filature près de Douai. M. de Lagrené demanda et obtint l'aide de M. Saphore, qui fut chargé spécialement des travaux de défense des faubourgs. Cet officier s'acquitta avec dévouement et habileté du surcroît de service qui lui était ainsi imposé.

Le chalet que possède M. Briez dans le faubourg du Bois fut blindé et crénelé de manière à devenir un poste avancé susceptible d'une grande résistance.

On fit aussi d'importants travaux au faubourg Mautort et à Caubert, on y établit des barricades et de même qu'à Saint-Gilles et à Thuison quelques maisons furent crénelées et mises en état de défense.

Enfin les arbres et les bosquets voisins furent reliés par des fils de fer cachés, de manière à gêner extrêmement toute tentative d'approche à travers champs.

CONSTRUCTION DE REDOUTES HORS D'ABBEVILLE.

Cet exposé montre avec quel soin minutieux on se disposait à la défense, et nous étions certainement en état de repousser victorieusement une tentative d'assaut.

Mais il faut malheureusement reconnaître que ces travaux faits avec tant d'entrain et au prix de bien des fatigues étaient complétement inutiles, puisque l'usage prussien consiste non pas à attaquer l'enceinte, mais à bombarder de loin jusqu'à ce que la ville, suffisamment détruite, se résigne à capituler.

Or, quelques heures d'un bombardement à longue portée auraient suffi, ainsi que je l'ai déjà dit, pour détruire la ville et pour décimer les habitants. En outre, l'ennemi ayant une fois établi ses batteries sur les hauteurs qui dominent Abbeville, il aurait été inutile de songer à l'en déloger avec nos forces restreintes.

Il n'y avait qu'une seule solution rationnelle ; elle consistait à construire des redoutes sur les hauteurs environnantes et à les occuper avec de l'infanterie et de l'artillerie, de manière à empêcher les Prussiens de venir s'y établir.

Ce système présentait de grands avantages, il préservait en effet Abbeville du bombardement, il permettait de livrer bataille *hors de la ville*, dans de bonnes positions choisies et fortifiées d'avance ; enfin, en cas d'insuccès dans la lutte hors de la ville, des chemins de retraite habilement ménagés ramenaient nos troupes à l'abri des remparts.

Le promoteur ardent de ce plan de défense fut le commandant de Lagrené. Dès les premiers jours de janvier, il avait fait part de ses idées au commandant Babouin, mais celui-ci voulait d'abord compléter les travaux de défense de l'enceinte proprement dite, en outre on devinait qu'il craignait de s'aventurer hors des murs avec des troupes aussi jeunes et aussi mal armées.

M. de Lagrené insista avec conviction à diverses reprises et fut assez heureux pour obtenir enfin du commandant supérieur l'ordre d'établir sur toutes les hauteurs qui dominent Abbeville des redoutes disposées pour recevoir de l'artillerie et de l'infanterie. On était alors au 7 ou 8 janvier, et il n'y avait pas un instant à perdre, car nous pouvions être attaqués d'un jour à l'autre.

Le colonel Crouzat et le commandant du génie montèrent aussitôt à cheval, ils visitèrent les environs et déterminèrent les emplacements des quatre redoutes désignées ci-après :

1° La redoute des monts Caubert située à côté de l'ancien camp de César ;

2° La double redoute des moulins de Saint-Riquier, à droite et à gauche de la route nationale n° 25 ;

3° La redoute de Thuison, en arrière du petit bois de Thuison ;

4° La redoute de la Justice, à gauche de la route nationale n° 1, en haut de la côte de la Justice.

Le piquetage fut fait le jour même, les profils furent dessinés et les travaux commencèrent le lendemain.

Chaque redoute comportait un fort épaulement en terre avec embrasures et plates-formes pour l'artillerie, puis à droite et à gauche des épaulements moins élevés, déployés en ailes et bien défilés, pour l'infanterie.

On dominait ainsi toute la campagne aux approches d'Abbeville et l'ennemi ne pouvait envoyer aucun projectile sur la ville, à moins de conquérir d'abord une des positions que nous occupions.

La difficulté était de se procurer instantanément des terrassiers sans avoir un centime pour les payer.

Il fallut absolument avoir recours aux réquisitions.

M. le préfet Lardière, qui a toujours secondé de tout son pouvoir le service militaire de la défense, prit divers arrêtés pour mettre à la disposition du commandant du génie les cantonniers de toutes les routes. MM. les agents-voyers de l'arrondissement furent eux-mêmes requis pour surveiller les travaux et constater la présence des hommes.

Enfin toutes les communes voisines, dans un rayon d'environ 10 kilomètres, reçurent l'ordre de fournir chaque jour, à leurs frais, un certain nombre d'ouvriers munis de pelles et de pioches.

Si à ces ressources on ajoute environ 500 hommes composant les ateliers municipaux de la ville, on comprendra comment le chef du génie put trouver en quelques heures et sans argent les deux mille travailleurs dont il avait besoin.

Parmi ces ouvriers les plus à plaindre étaient les cantonniers.

En principe, on alloue une indemnité de déplacement à ceux qui travaillent hors de leurs cantons, mais cette indemnité, déterminée d'avance, était bien inférieure au supplément de dépense occasionné par les travaux militaires. En outre, les circonstances ne permettaient pas de payer régulièrement. J'ai entendu plusieurs cantonniers du service vicinal se plaindre de n'avoir rien reçu depuis deux ou trois mois. Beaucoup d'entre eux ne vivaient donc que de crédit et supportaient de dures privations.

Il fallait venir de loin à travers la neige, arriver de grand matin au chantier, creuser un sol gelé, rester sans abri et sans feu pour prendre quelques aliments, trop souvent insuffisants. Telle était l'existence imposée à la plupart de nos ouvriers, et malgré cela pas une plainte déplacée ne s'est fait entendre, et tous ont exécuté avec ordre et dévouement les travaux si pénibles que nous étions forcés d'exiger.

Quittant un instant ces travailleurs courageux et dociles, si je reporte ma pensée sur les gardes nationaux que Paris nourrissait dans l'oisiveté à la même époque, je trouve un contraste frappant sur lequel il n'est pas besoin d'insister.

INSPECTION DU COLONEL GOULIER.

Vers le milieu de janvier, le général Faidherbe envoya à Abbeville le colonel du génie Goulier pour inspecter les travaux de défense.

Professeur de topographie à l'école militaire de Metz, M. Goulier avait été fait prisonnier lors de la capitulation du 28 octobre. Il avait alors été chargé de faire aux Allemands la remise du matériel de l'école, mais froissé par les mauvais procédés de nos vainqueurs, il avait bientôt refusé de continuer sa mission et s'était échappé pour venir rejoindre à Lille l'état-major de l'armée du Nord.

Le colonel Goulier inspecta les travaux avec le commandant Babouin, le colonel Crouzat et le commandant de Lagrené, il indiqua diverses améliorations de détail et repartit après avoir complétement approuvé l'ensemble des dispositions adoptées.

En résumé, la banlieue d'Abbeville était dominée et battue de la manière suivante, ainsi qu'on peut le comprendre en jetant les yeux sur la carte jointe à cette notice.

1° La redoute des monts Caubert commandait à l'est la

vallée de la Somme et la route de Pont-Remy, à l'ouest le vallon d'Yonval, et au sud-ouest la route de Rouen; elle pouvait recevoir six pièces de canon.

Le sommet des monts Caubert n'étant accessible pour l'artillerie que par ses deux extrémités, c'est-à-dire par le faubourg Mautort et Caubert, on comprend la nécessité d'établir une ligne de retraite plus directe et moins susceptible d'être coupée.

A cet effet, le commandant du génie fit construire un chemin en lacet sur le flanc de la montagne, de manière à relier la redoute au marais de Rouvroy. Les pentes, les rayons et la largeur de ce chemin étaient calculés de telle sorte qu'une pièce d'artillerie attelée de quatre chevaux pouvait descendre au galop.

La redoute des monts Caubert avait ainsi une retraite assurée par les marais de Rouvroy et des Planches et par le chemin qui, longeant la rivière des Nonnains, vient rejoindre la route de Rouen dans le faubourg des Planches. Le point de jonction était d'ailleurs protégé par la chapelle Sainte-Marguerite, qui, blindée et crénelée, était transformée en poste avancé.

Le chemin en lacet fut exécuté par les cantonniers des routes nationales et départementales, sous la direction immédiate de M. Geoffroy, ingénieur des ponts et chaussées de l'arrondissement.

2° La redoute des moulins de Saint-Riquier, disposée pour recevoir huit pièces d'artillerie, commandait la vallée du Scardon ainsi que les routes de Saint-Riquier et d'Ailly-le-Haut clocher.

3° La redoute de Thuison, disposée pour recevoir quatre pièces d'artillerie, croisait ses feux avec la précédente sur la vallée de Drucat et commandait la route du Plessiel.

4° Enfin, la redoute de la Justice commandait les routes

de Nouvion et du Plessiel, battait le plateau de la ferme du Val et dominait la vallée de la Somme entre Laviers et Menchecourt.

Avec des positions aussi bien choisies et aussi bien défendues, notre petite garnison d'environ 5,000 hommes avec ses 23 bouches à feu aurait pu tenir en respect et à distance une armée beaucoup plus nombreuse.

Les Prussiens le comprirent parfaitement et n'osèrent pas nous attaquer sans avoir 20,000 hommes et 80 bouches à feu. Or, c'est seulement après la bataille de Saint-Quentin qu'ils purent réunir ces éléments.

Nos travaux de défense et notre attitude résolue ont donc réussi, non-seulement à préserver la ville d'un bombardement et d'une occupation violente, mais ils ont aussi fait ajourner un combat extérieur qui aurait enfin été livré le 1er février si l'armistice n'était survenu.

EXPÉDITION DE POIX.

On se souvient que, vers le 11 décembre, le général Manteuffel, surpris par la réapparition de l'armée du Nord, qu'il croyait détruite, avait rappelé ses troupes de Rouen vers Amiens et que sans leur concentration rapide il n'aurait pu se trouver en force aux combats des 20 et 23 décembre, à Querrieux et à Pont-Noyelles.

Le général Faidherbe, après la bataille de Bapaume du 3 janvier, préparait une nouvelle marche sur Albert pour le 16. Ne voulant pas que le général von Gœben, qui remplaçait Manteuffel, puisse comme celui-ci recevoir des renforts de Rouen, il demanda au commandant Babouin de faire sauter le viaduc de Poix qui donne passage au chemin de fer de Rouen à Amiens.

Cette opération présentait des difficultés, car Poix était soigneusement gardé par les Allemands. Cependant, le commandant du génie se mit aussitôt à étudier les procédés à employer pour réussir. On se procura un dessin du viaduc et on recueillit auprès de M. Boivin, conducteur des ponts et chaussées à Poix, divers renseignements précieux; enfin on désigna, pour accomplir cette dangereuse mission, M. Maréchal, garde du génie, et un lieutenant du 64e de ligne, dont je regrette d'avoir oublié le nom. On convint qu'ils se rendraient une première fois à Poix, déguisés en bourgeois, pour étudier le terrain, connaître la position et les habitudes des sentinelles qui ne quittaient pas le viaduc, pour faire, en un mot, toutes les observations nécessaires au succès de l'entreprise dont le jour serait fixé ultérieurement.

Ce voyage d'exploration se fit avec succès, et au retour des deux émissaires, on jugea l'opération possible en employant la dynamite, qui permet de briser une pile de viaduc sans creuser préalablement des chambres de mine.

Malheureusement, nous n'avions pas de dynamite. On en demanda à Lille, mais je ne sais pour quelle raison elle n'était pas encore expédiée au moment de l'armistice.

Dans sa *Notice sur la campagne de l'armée du Nord*, le général Faidherbe attribue la défaite de Saint-Quentin, du 19 janvier, au nombre sans cesse croissant des ennemis qui recevaient des renforts *de Rouen*, d'Amiens, de Péronne, de Ham, de Laon, de la Fère, enfin de Beauvais et de Paris (p. 67).

Si nous avions pu faire sauter le viaduc de Poix avant le 19 janvier, peut-être le résultat de la journée eût-il été différent.

MESURES DIVERSES EN PRÉVISION D'UN SIÉGE.

Tout en faisant exécuter activement les travaux nécessaires pour empêcher l'approche d'Abbeville, le commandant supérieur Babouin ne négligea pas de prendre des dispositions relatives à l'éventualité d'un blocus ou d'un bombardement.

A cet effet, le 18 janvier, il fit afficher le placard suivant :

Aux habitants d'Abbeville.

« Le commandant supérieur croit devoir rappeler aux « habitants que par décret du 8 août 1870 le département « et la ville ont été mis en état de siége.

« Il porte en même temps à leur connaissance les prin- « cipales dispositions du décret du 13 octobre 1863 sur le « service des places de guerre et les villes de garnison, et « se plaît à penser qu'en présence de l'ennemi comme nous « le sommes, aucun citoyen ne voudra assumer maintenant « la responsabilité de lenteurs et d'hésitations préjudiciables « à la défense, et que l'ignorance de ces dispositions per- « mettrait seule d'expliquer.

« Ces dispositions sont les suivantes :

« *Art.* 242. Dans une place en état de guerre, l'autorité « civile est tenue de concerter, avec le commandant de la « place, les moyens de réunir, pour le cas de siége, les « approvisionnements nécessaires à la subsistance des « habitants et les ressources que peut fournir le pays pour « les besoins de la garnison et pour l'exécution des travaux « de défense.

« Elle ne peut rendre aucune ordonnance de police, « sans s'être concertée avec le commandant de place, ni

« refuser de rendre celles qu'il juge nécessaires à la sûreté « de la place.

« La garde nationale passe sous l'autorité du comman- « dant de place.

« *Art.* 243. Les pompiers passent également avec les « pompes, machines et ustensiles dont ils disposent, sous « l'autorité du commandant de place.

« Les ouvriers charpentiers et autres des ports, non « employés dans les arsenaux de la marine, qui peuvent « être utilisés en cas d'incendie, sont organisés par quar- « tiers, en compagnies, sections et ateliers, à la disposi- « tion de l'autorité militaire.

« *Art.* 245. Le commandant supérieur, avec autorisa- « tion du général commandant l'armée, a le droit en cas « de menace d'un siége :

« 1° De faire sortir les bouches inutiles, les étrangers et « les gens jugés dangereux.

« 2° D'inviter l'autorité civile à activer les mesures né- « cessaires pour assurer la subsistance des habitants et la « réunion des ressources que le pays peut fournir pour les « besoins de la garnison et pour les travaux.

« 3° De faire entrer dans la place ou d'empêcher d'en « sortir les ouvriers, les matériaux, les bois, les bestiaux « et les denrées ; de faire garder aux abords de la place « les moulins ou autres usines qui peuvent être utiles.

« *Art.* 248. Pendant l'état de siége le commandant su- « périeur fait occuper tous les terrains, ordonne toute dé- « molition, prescrit toute mesure de défense jugée néces- « saire pour assurer la conservation de la place.

« *Art.* 249. Aussitôt que l'état de siége est déclaré, les « pouvoirs dont l'autorité civile était revêtue, pour le « maintien de l'ordre et de la police, passent tout entiers « à l'autorité militaire.

« L'autorité civile continue néanmoins d'exercer ceux « de ces pouvoirs dont l'autorité militaire ne l'a pas des« saisie.

« *Art.* 250. Les officiers du génie ont la surveillance et « au besoin la direction des travaux attribués dans les « circonstances ordinaires aux ingénieurs civils ; ils rè« glent seuls en particulier tout ce qui est relatif aux inon« dations, aux dessèchements et à l'ensemble du régime « des eaux, dans la portion du territoire faisant partie des « lignes de défense ; ils en informent l'autorité civile.

« En conséquence, le commandant supérieur ordonne :

« *Art.* 1er. L'autorité municipale est invitée à hâter par « tous les moyens en son pouvoir l'approvisionnement « d'un mois de vivres, ordonné par communication du 6 « janvier courant. M. l'officier municipal rendra compte le « dimanche 22 courant par un rapport, des mesures « qu'il aura prises à cet égard, et des résultats obtenus, « avec l'état détaillé des ressources que la place peut « fournir pour les besoins de la garnison ou des travaux.

« *Art.*2. Les diverses juridictions de la ville feront par« venir toutes les affaires qui leur sont soumises à une « commission de trois membres, composée de :

« M. le chef de bataillon du 64e, président ;

« M. le capitaine rapporteur près la cour martiale ;

« M. le capitaine Bernard, de la 1re légion, 1er batail« lon de la Somme.

« Cette commission examinera toutes les affaires et « rendra chaque jour au commandant supérieur un rap« port constatant celles qui lui paraissent devoir être « maintenues par la cour martiale, en raison de l'inté« rêt qu'elles peuvent offrir au point de vue de la dé« fense.

« Le commandant supérieur décidera.

« Les faux bruits, les nouvelles malveillantes et la ré-
« sistance aux ordres de l'autorité militaire seront dans
« tous les cas déférés à la cour martiale.

« *Art.* 3. L'autorité civile devra prendre toutes les me-
« sures nécessaires pour mettre à l'abri ou évacuer sur
« Boulogne les richesses scientifiques, musées ou collec-
« tions qui sont la propriété de la ville.

« *Art.* 4. Les caves des maisons particulières sont
« mises en réquisition pour servir d'abri, soit aux troupes
« soit aux habitants en cas de bombardement. Une com-
« mission de trois membres, nommée par le commandant
« supérieur, sur la proposition du préfet, en passera l'ins-
« pection et dressera l'état de celles qui peuvent servir à
« cet usage, en indiquant le nombre de personnes qu'elles
« sont capables de contenir ; des travaux, s'il est néces-
« saire, seront faits pour les consolider.

« Les propriétaires sont invités à faire blinder le rez-
« de-chaussée de leurs habitations.

« *Art.* 5. L'officier municipal requerra toutes les pompes
« particulières et les remettra au capitaine des pompiers
« dont le matériel sera immédiatement mis en état.

« Chaque propriétaire est invité à transporter à l'étage le
« plus élevé de sa maison des baquets ou tonneaux pleins
« d'eau, destinés à arrêter facilement les commencements
« d'incendie; en outre les propriétaires des maisons situées à
« plus de 100 mètres des bras de la Somme sont tenus
« d'avoir prêts, au rez-de-chaussée, des tonneaux qui, dès
« le commencement du feu, seront placés sur le trottoir en
« face de la maison et remplis d'eau.

« *Art.* 6. Les établissements hospitaliers se pourvoiront
« de drapeaux d'ambulance et les arboreront au point le
« plus élevé des bâtiments.

« Abbeville, le 18 janvier 1871. »

« Signé : BABOUIN. »

Les journaux reproduisirent cette circulaire qui reçut en peu de jours assez de publicité pour être connue des Allemands.

Ceux-ci ne cessaient d'ailleurs d'envoyer des patrouilles du côté d'Abbeville et ils étaient parfaitement informés de tout ce qui s'y faisait.

Ainsi, le 11 janvier, 200 fantassins vinrent piller à Oisemont; le 20, quatre hussards vinrent jusqu'à Mareuil où ils reçurent quelques coups de fusil de notre avant-poste; à peu près à la même date, des cavaliers vinrent à Mouflières et à Vauchelles, où ils faillirent enlever un peloton de mobiles qui prit peur, ils s'avancèrent jusqu'en vue de la redoute des moulins de Saint-Riquier, puis s'éloignèrent.

ABRIS EN CAS DE BOMBARDEMENT.

En exécution de la circulaire du 18 janvier, une commission composée de deux architectes de la ville et d'un lieutenant d'artillerie visita les caves, mesura celles qui pourraient servir d'abri et indiqua celles à consolider par des blindages ou par des sacs de terre.

On trouva vers la chaussée du Bois, et vers la chaussée Marcadé, des caves plus nombreuses et plus spacieuses qu'on ne l'avait supposé d'abord et on reconnut qu'en somme on pourrait abriter souterrainement environ 5000 personnes, en cas de bombardement.

C'était encore bien peu pour une population de plus de 20000 âmes, en y comprenant la garnison.

Les remparts d'Abbeville n'ont qu'un seul réduit à l'épreuve de la bombe, il est situé à l'extrémité de la rue Millevoye et aurait pu recevoir environ 100 blessés. On fit blinder sa porte qui est vue des monts Caubert.

On établit également des blindages, au moyen de troncs d'arbres inclinés et recouverts de terre, à la poudrière d'Hocquet et au petit souterrain, près de l'église Saint-Gilles.

MINES POUR RENVERSER LES REMPARTS

Enfin, lors de la visite du colonel Goulier il avait été décidé que si, après avoir subi un bombardement, nous étions forcés de capituler, nous ferions sauter les fortifications avant de remettre la ville à l'ennemi.

Pour cela nous avions déterminé les emplacements d'une douzaine de puits de mines répartis le long du mur de rempart depuis la porte Saint-Gilles jusqu'à la porte du Bois. Leur charge calculée de manière à ne pas ébranler les édifices de la ville devait simplement renverser le mur dans le fossé.

Un seul de ces puits était terminé et prêt à être chargé quand intervint l'armistice. Il était placé sur le bastion Saint-Gilles, en arrière de l'hôpital des chevaux malades. J'ignore s'il a été comblé depuis.

CRÉDIT DE 10,000 FR. DONNÉ PAR L'ÉTAT.

J'ai expliqué précédemment comment le service du génie avait pu se procurer des manœuvres, sans avoir à se préoccuper de leurs salaires. Mais bien des travaux exigeaient un matériel spécial et des ouvriers d'art que l'on ne trouvait pas toujours parmi les hommes réquisitionnés. Par exemple pour transporter et débiter les bois il fallait des voitures, des chevaux et des scies, pour faire des blindages il fallait des charpentiers avec des chèvres, pour ouvrir des meurtrières dans des murailles il fallait des maçons avec leurs outils, pour percer des puits de mines il fallait des treuils, des cordages, des caisses, etc.

Bref on fut forcé dans certains cas de recourir aux entrepreneurs de la ville pour se procurer les engins et les ouvriers spéciaux dont on manquait.

On agissait vis-à-vis d'eux par voie de réquisition, mais en annonçant l'intention de payer *quand on pourrait ;* condition bien vague qui devait naturellement laisser quelqu'inquiétude dans l'esprit des réquisitionnés et des réquisitionneurs.

Néanmoins les entrepreneurs d'Abbeville, ayant confiance dans le commandant du génie qui n'était pas un étranger pour eux, se mirent à l'œuvre avec zèle et désintéressement. Les travaux furent partagés le mieux possible entre MM. Boizard, Bertrand, Carpentier et Folie qui ont ainsi rendu de grands services à la défense.

Leurs décomptes, dressés d'après des attachements journaliers, furent arrêtés et acceptés sans discussion peu de jours après l'armistice, l'ensemble s'élevait à 10,000 fr.

Le commandant du génie fit connaître la situation à M. le préfet Lardière qui s'empressa d'en instruire le ministre de la guerre à Bordeaux. Ce dernier répondit par un télégramme qu'il accordait un crédit de 10,000 fr. pour solder les travaux de défense à Abbeville. Ainsi furent désintéressés les entrepreneurs qui avaient donné leur concours à ces travaux.

ÉPIDÉMIE DE PETITE VÉROLE.

La petite vérole qui sévissait depuis plusieurs mois dans une grande partie de la France ne devait pas épargner Abbeville. Elle y prit un caractère épidémique assez violent vers le commencement de janvier. Malgré les précautions hygiéniques recommandées aux soldats on eut à regretter un assez grand nombre de décès soit dans la garnison soit parmi les habitants.

ARMISTICE.

J'arrive maintenant à l'armistice et je vais dire comment nous fûmes délaissés en cette occasion.

Il est difficile d'expliquer d'abord pourquoi Abbeville a été livrée et ensuite pourquoi on ne lui a pas fait connaître les conditions qui lui étaient applicables.

Les détails qui vont suivre permettent de penser qu'une grande confusion régnait alors parmi nos gouvernants. Leurs dépêches étaient incomplètes ou tardives, quand elles ne faisaient pas absolument défaut, laissant à peu près à l'abandon et sans l'éclairer sur ses droits une ville qui avait su tenir l'ennemi à distance.

C'est dans la nuit du 29 au 30 janvier, vers une heure du matin, que le commandant supérieur Babouin reçut l'avis de l'armistice. Le télégramme était fort bref et laissait supposer que, suivant l'usage, on maintiendrait le *statu quo*, c'est-à-dire que chaque armée conserverait le terrain occupé par elle au moment de l'armistice.

Nous avions donc un grand intérêt à nous avancer le plus rapidement possible vers l'ennemi puisque le point de rencontre devait former la limite d'occupation.

Sans perdre une minute, le commandant Babouin organisa dix colonnes de cavaliers, destinées à suivre les routes de Doullens, d'Amiens, de Rouen, de Dieppe, etc. Chaque colonne composée d'une douzaine d'hommes était commandée par un officier muni d'une notification de l'armistice et d'instructions détaillées. On devait marcher jusqu'à la rencontre d'un poste allemand et s'arrêter à quelque distance en attendant de nouveaux ordres.

Ces colonnes partirent à trois heures du matin.

Pendant le reste de la nuit, on rassembla 80 voitures qui devaient transporter rapidement environ 400 hommes d'infanterie à la suite des dix colonnes de cavaliers.

Ces expéditions furent si bien menées que vers trois heures de l'après-midi des dépêches annonçaient que nos détachements étaient entrés à Dieppe et à Neufchâtel après une traite de plus de 60 kilomètres.

Malheureusement ces efforts étaient complétement inutiles, ils étaient même dangereux par suite de l'ignorance dans laquelle on nous avait laissés.

C'est ce que je vais expliquer.

D'abord l'armistice n'était pas basé sur le *statu quo* ainsi que nous le supposions. La convention du 28 janvier 1871, signée à Versailles par MM. J. Favre et de Bismarck, porte, en effet, à l'art. 1er, parag. 3 : « Les départements du Nord « et du Pas-de-Calais... resteront en dehors de l'occupa- « tion allemande. »

D'où résulte l'abandon complet du département de la Somme.

On a admis pendant longtemps que M. J. Favre, qui avait déjà oublié dans les Vosges l'armée de Bourbaki, ignorait qu'Abbeville était dans le département de la Somme et que cette ville était encore au pouvoir des Français ainsi que presque tout son arrondissement.

Cette explication paraissait d'autant mieux fondée, qu'à une autre époque, lors de l'entrevue de Ferrières, M. J. Favre s'était fait un point d'honneur de ne pas abandonner la place de Strasbourg, que les Prussiens ne tenaient pas encore. Or, cette fois, c'était non-seulement une ville, mais tout un arrondissement qu'il livrait à l'ennemi. Il était donc naturel d'admettre, d'après ces précédents, que M. Favre agissait sans savoir ce qu'il faisait.

Mais les documents officiels font connaître aujourd'hui d'une manière incontestable que l'inique abandon d'Abbeville a été conclu sciemment et d'un commun accord entre le général Faidherbe et M. J. Favre.

En effet, dans le rapport remis à l'Assemblée nationale par M. de Rainneville, au nom de la commission d'enquête sur les actes du Gouvernement de la défense nationale, on lit ce qui suit (annexe au procès-verbal de la séance du 22 décembre 1872) :

« Conformément à ce qui avait été arrêté entre M. le « comte de Bismarck et M. Jules Favre, le département de « la Somme fut livré tout entier à l'armée allemande, et la « ville d'Abbeville, qui n'avait jamais été envahie pendant « la guerre, qui n'avait jamais eu les Prussiens en vue de « ses murs, fut également livrée à l'armée allemande. Dans « ce cas, il est vrai, le général Faidherbe, consulté par « M. Jules Favre, avait télégraphié : « *qu'il ne voyait pas « d'inconvénient à placer Abbeville dans la zone prus- « sienne.* » A ce propos, M. Jules Favre a répondu : « Si « nous avons abandonné quelques points que nous occu- « pions momentanément, il en a été de même pour l'en- « nemi, qui s'est retiré en plusieurs endroits. »

Ainsi, c'est en parfaite connaissance de cause que le 28 janvier MM. Jules Favre et Faidherbe ont livré Abbeville à l'ennemi, sans même songer à faire ressortir sa situation particulière et sans réclamer en sa faveur la moindre immunité.

Il est permis de croire que si ces faits eussent été connus lors des élections partielles du 2 juillet 1871, le département de la Somme n'aurait pas donné 95,000 voix au général Faidherbe qui, du reste, malgré son acceptation formelle de la candidature, a encore une fois abandonné la Somme pour le Nord, après l'élection.

Je viens d'expliquer comment la convention du 28 janvier s'est écartée du *statu quo* en ce qui concerne Abbeville; j'arrive à un autre détail qu'il eût été important de nous faire connaître.

L'armistice qui, pour Paris, commençait le 28 janvier, ne devait avoir d'effet dans les départements qu'à partir du 31 à midi (art. 1er de la convention du 28 janvier). Or, nous n'en étions nullement prévenus, de sorte que dans la journée du 30 nos colonnes de délimitation se trouvèrent dans une très-fausse position vis-à-vis des avant-gardes prussiennes. Elles étaient exposées à être détruites ou déclarées prisonnières. Heureusement, on parlementa avec assez de modération de part et d'autre, on expliqua le malentendu résultant de nos renseignements incomplets et nos détachements purent rentrer à Abbeville sans autre incident fâcheux.

La dépêche par laquelle M. Jules Favre avait fait connaître l'armistice est conçue de la manière suivante :

« Versailles, 28 janvier, 11 h. 15 m. du soir.

« Nous signons aujourd'hui un traité avec M. le comte « de Bismarck.

« Un armistice de vingt-et-un jours est convenu.

« Une assemblée est convoquée à Bordeaux pour le « 15 février.

« Faites connaître cette nouvelle à toute la France ; « faites exécuter l'armistice et convoquez les électeurs pour « le 8 février.

« Un membre du gouvernement va partir pour Bor- « deaux. »

Signé : Jules FAVRE.

Comment découvrir dans ces phrases que le département de la Somme est livré en entier et que l'armistice ne commence que le 31 à midi.

Les Allemands étaient au contraire renseignés avec une précision remarquable.

Voici à ce sujet les dépêches du général von Gœben :

« Amiens, le 29 janvier 1871.

« Ordre du jour.

« Le comte de Moltke fait savoir, sous la date du 28 « courant, qu'il vient d'être signé une convention d'ar- « mistice dont l'effet commencera le 31 janvier à midi. »

Signé : VON GOEBEN.

« Amiens, le 30 janvier 1871.

« Ordre d'armée.

« D'après les conditions de l'armistice, les départements « du Nord et du Pas-de-Calais sont exclus de l'occupation « allemande, et en général il est convenu que les avant- « postes resteront au moins à 10 kilomètres de la ligne de « démarcation. En conséquence, la marche en avant com- « mandée pour demain sera arrêtée en partie et même un « certain nombre d'endroits occupés par nous devront être « abandonnés. Il n'y a pourtant pas lieu à avoir égard à « cette limitation jusqu'à ce que le général Faidherbe ait « fait évacuer Abbeville et tout le département de la « Somme. En tout cas, à partir de demain 31 à midi, il « faut éviter les rencontres avec l'ennemi et éventuelle- « ment prévenir les détachements ennemis par des par- « lementaires et leur faire savoir qu'on négocie avec Fai- « dherbe. »

Signé : VON GOEBEN.

En lisant cet ordre, certains bataillons prussiens comprirent qu'ils n'avaient plus que quelques heures pour piller militairement ; ils se hâtèrent de les mettre à profit, et, quoique l'armistice fût signé, des bandes armées vinrent réquisitionner à Airaines et à Hornoy le 30 et le 31 au matin ; les déprédations cessèrent à midi sonnant. On eût dit une manœuvre bien commandée et religieusement exécutée.

Ces réquisitions, connues à Abbeville dans la journée du 30, y causèrent une émotion d'autant plus vive que l'on supposait l'armistice déjà en vigueur.

Dans la soirée du 30, un officier prussien vint en parlementaire pour régler le mode d'occupation de la ville et de l'arrondissement.

Le commandant Babouin déclara qu'il ne rendrait rien tant qu'il n'en aurait pas reçu l'ordre formel du général en chef. On reconnut d'ailleurs que la situation particulière de la ville motivait une convention additionnelle dont les termes furent arrêtés à Amiens le 5 février.

Voici à ce sujet la déclaration du général Faidherbe rapportée dans le compte-rendu de la séance du 17 février de la commission municipale d'Abbeville :

« Le général a dit que tout ce qu'il pouvait affirmer par « rapport à Abbeville, c'est qu'on avait *négligé* dans le « traité du 28 de stipuler des conditions particulières pour « cette ville quoiqu'elle fût dans une situation toute diffé- « rente de celle du reste du département, que cela avait « été reconnu par le général von Gœben lui-même, qu'on « avait soumis la difficulté au Cte de Bismarck, qui, tout « en refusant de modifier à cet égard les clauses de l'ar- « mistice, avait seulement promis que les troupes françaises « pourraient enlever leur matériel et que la ville n'aurait « pas à payer de contributions de guerre, sauf sa quote- « part dans celles dont serait frappé le département tout « entier. »

Telle paraît être, en effet, la teneur de la convention additionnelle relative à Abbeville, mais en l'absence d'un texte précis qu'on n'a jamais pu obtenir, malgré d'incessantes démarches à Amiens, à Lille, à Paris et à Versailles, cette convention, admise par les uns, contestée ou mal interprétée par les autres, a été la source de bien des tribulations pour la commission qui avait à défendre les intérêts de la ville.

La commission municipale, présidée par M. Bachelier, a rendu compte de ses actes dans une intéressante brochure intitulée : *Rapports et Procès-verbaux de la commission municipale d'Abbeville, du* 5 *février au* 19 *avril* 1871 (imprimée chez MM. Briez et Cie à Abbeville). Je ne m'étendrai donc pas davantage sur les faits qui se sont passés pendant l'occupation.

ENTRÉE DES PRUSSIENS A ABBEVILLE.

Le commandant Babouin reçut d'abord le 2, puis de nouveau le 4, l'ordre formel de quitter Abbeville en emportant tout le matériel de guerre, y compris les fusils de la garde nationale.

L'évacuation se fit presque complétement le 5 et notre petite armée fut échelonnée en arrière de l'*Authie*, depuis Hesdin jusqu'à Verton.

Le 6 février, à midi, quatre hussards d'avant-garde entraient au galop par la porte Saint-Gilles et se rendaient à la mairie; bientôt à leur suite arrivaient, musique en tête, 2000 hommes d'infanterie, 150 cavaliers et une batterie d'artillerie.

L'occupation prussienne était un fait accompli qui coûta près de 200,000 francs à la caisse municipale.

A la même heure, celui qui écrit ces lignes sortait par la porte Marcadé, se dirigeant vers la station de Noyelles.

Chemin faisant il songeait tristement à la patrie vaincue, à la ville livrée après tant de sacrifices, il songeait aussi à ce qu'allaient devenir les amis laissés à Abbeville. Cependant un beau soleil éclairait la baie de Somme, annonçant déjà l'approche du printemps. Notre voyageur se laissa aller à penser que la France aussi renaîtrait de son funeste hiver, et que Dieu protégerait les habitants d'Abbeville. Jetant en arrière un dernier regard, il prononça le mot : *Espérance !* et se hâta d'atteindre le poste qui lui avait été désigné.

Que l'expression de la même pensée termine cette notice : *Espérons !*

2436 — Abbeville, imp. Briez, C. Paillart et Retaux.

www.ingramcontent.com/pod-product-compliance
Ingram Content Group UK Ltd.
Pitfield, Milton Keynes, MK11 3LW, UK
UKHW021008200726
13857UKWH00004B/1341

9 782012 480797